1 mars 1892

COLLECTION

DU

DOCTEUR JOSEPH MICHEL

Parent et héritier de Gustave Doré

J'ai beaucoup acheté dans cette vente. Tous mes Doré viennent de là.

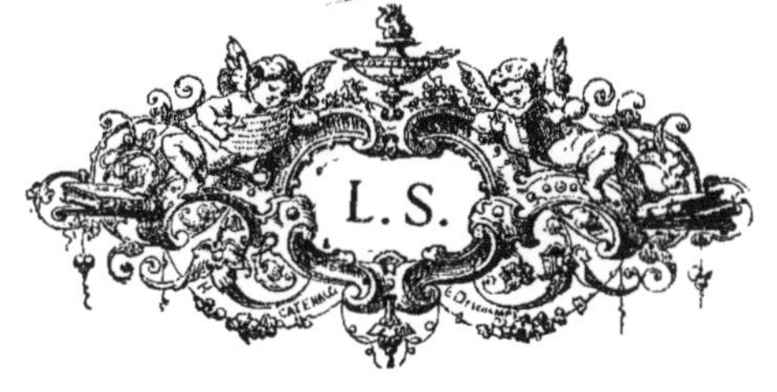

PARIS
LÉON SAPIN, LIBRAIRE
3, RUE BONAPARTE, 3

—

1892

COLLECTION

DU

DOCTEUR JOSEPH MICHEL

LA VENTE AURA LIEU

Le Lundi 21 *Mars* 1892 *et les quatre jours suivants*

A DEUX HEURES PRÉCISES

HOTEL DES COMMISSAIRES-PRISEURS

RUE DROUOT, 9

SALLE N° 3, AU PREMIER

Par le ministère de Me MAURICE DELESTRE,

COMMISSAIRE-PRISEUR, 27, RUE DROUOT

Assisté de M. LÉON SAPIN, libraire

RUE BONAPARTE, 3

Dimanche, 20 *Mars*, *Exposition publique.*

CONDITIONS DE LA VENTE

La vente se fait au comptant.

Messieurs les Amateurs pourront examiner les estampes chez M. LÉON SAPIN, 3, rue Bonaparte, de deux heures à cinq heures.

M. L. SAPIN remplira les commissions des personnes qui ne pourraient assister à la vente.

Les acquéreurs paieront cinq pour cent en sus des enchères, applicables aux frais.

Les attributions du Docteur MICHEL, en ce qui concerne les peintures et les dessins, ont été conservées.

COLLECTION
DU
DOCTEUR JOSEPH MICHEL

CATALOGUE

DES

EAUX-FORTES, LITHOGRAPHIES TABLEAUX, DESSINS AQUARELLES, LIVRES ET AUTOGRAPHES

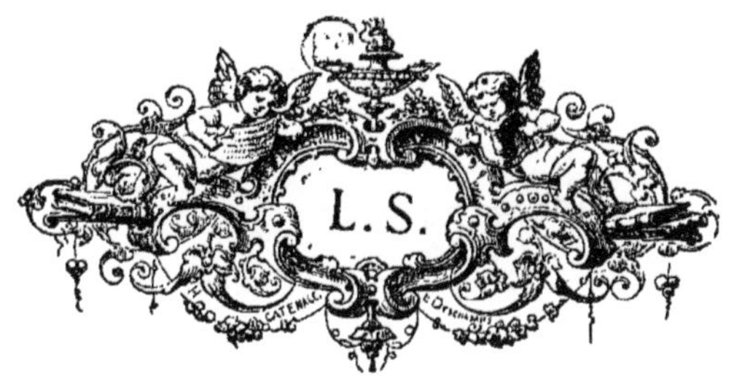

PARIS
LÉON SAPIN, LIBRAIRE
3, RUE BONAPARTE, 3

1892

ORDRE DES VACATIONS

Lundi 21 *Mars* 1892.

	Numéros
Eaux-fortes. — Lithographies.	1-109
Gustave Doré. — Eaux-fortes	181-221
— — Dessins.	608-640

Mardi 22 *Mars.*

Eaux-fortes. — Lithographies. — Doré. . . .	110-180
Gustave Doré. — Eaux-fortes	222-253
Eaux-fortes. — Lithographies.	289-334
Gustave Doré. — Dessins.	641-678

Mercredi 23 *Mars.*

Eaux-fortes. — Lithographies	335-430
Gustave Doré. — Fumés. — Épreuves sur Chine.	254-288
Gustave Doré. — Dessins.	679-710

Jeudi 24 *Mars.*

Eaux-fortes, etc. — Meissonier. — Raffet. — Dessins	431-607
Gustave Doré. — Dessins.	711-738

Vendredi 25 *Mars.*

Dessins. — Aquarelles. — Tableaux. — Livres. — Autographes	739-915

COLLECTION

DU

DR JOSEPH MICHEL

EAUX-FORTES, GRAVURES
LITHOGRAPHIES

AFFICHES ILLUSTRÉES

1. Opéras, cirques, etc.

Douze pièces, dont une lithographiée en 1872 par Célestin Nanteuil, pour *Don César de Bazan*.

AMAND-DURAND

Héliogravures d'après les eaux-fortes et gravures des maîtres anciens, tirées des collections les plus célèbres. *Paris, Armand-Durand* **et** *Goupil*, 1875

2. B. BALDINI ET J. DE BARBARY.

Trois pièces sur Japon.

3. N. Berghem et Both.
Sept pièces sur Japon.

4. G. A. da Brescia et Gulio Campagnola.
Cinq pièces sur Japon.

5. Albert Durer.
Sept pièces sur Japon.

6. Jean Duvet et Ant. van Dyck.
Trois pièces sur Japon.

7. Claude Gelée et Goya.
Sept pièces sur Japon.

8. A. Mantégna, Mocetto, B. Montagna et anonyme.
Cinq pièces sur Japon.

9. Adrien van Ostade, P. Potter et Primatice.
Cinq pièces sur Japon.

10. Marc-Antoine Raimondi et son école.
Vingt pièces sur Japon.

11. Rembrandt, van Ryn.
Vingt-huit pièces sur Japon.

12. Ribéra-Robetta, Jakol Ruysdael.
Cinq pièces sur Japon.

13. Martin Schœngauer et Cesare da Cesto.
Six pièces sur Japon.

14. Adrien van de Velde et P. Wouwermans.
Quatre pièces sur Japon.

AQUARELLISTES (Exposition des).

15. Fac-similé de dessins des artistes exposants.

Vingt-cinq pièces, tirées à part sur papier de Chine.

BAUDE (Charles).

16. Sujets de genre d'après G. Jacquet, Doucet et Duez.

Trois gravures sur bois. Épreuves d'artiste sur Chine volant.

BAYARD (Émile), LELOIR (M.), RIOU (Edouard).

17. Cinq cents fumés et épreuves sur Chine, pour le *Tour du Monde,* montés sur papier fort.

BEAUMONT (Edouard de).

18. *Fleur des Belles Épées.* Notices, par Édouard de Beaumont. *Paris, Boussod,* 1885.

Dix héliogravures dans un cartonnage imprimé. Exemplaire sur papier de Hollande.

19. Fariboles. Le Carnaval de 1853, etc.

Cinquante lithographies.

BELLANGÉ (Hippolyte).

20. Batailles, sujets de genre, titre de romance, 1827-1834.

Vingt-trois lithographies dont une couverture imprimée.

BILLY (de).

21. La Rentrée des foins, d'après Julien Dupré.

Eau-forte. Épreuve noir terminée, avant la lettre, avec les mots : *In progress...,* au crayon.

BLÉRY (Eugène).

22. Paysages.

Trois eaux-fortes. Épreuves uniques à l'état d'eau-forte pure. Signées à la plume.

BODMER (Karl).

23. Canards, cerfs, biches, ours, etc.

Dix-huit eaux-fortes et lithographies originales, dont plusieurs sur Chine.

24. Fac-similé d'après ses dessins, par le procédé Comte.

Vingt pièces, dont cinq sur Chine.

BOILVIN (Emile).

25. Tête de page, cul-de-lampe et vignettes pour Poésies de Coppée. *Paris, Lemerre*, 1882.

Dix eaux-fortes. Épreuve avant la lettre sur Japon.

BONVIN (François).

26. Chat au repos.

Eau-forte. Épreuve d'artiste.

BOULARD fils (Auguste).

27. Mon ancien régiment, d'après Édouard Detaille.

Eau-forte. Épreuve du 4e état, avant la lettre, sur Japon, avec les mots : *In progress...*, au crayon.

BOULANGER (Louis).

28. Les Orientales, par Victor Hugo.

Deux lithographies.

29. Mazeppa. — Le Sommeil du lion. — Attaque du lion. — Attaque de l'ours.

Quatre lithographies.

BRACQUEMOND (Félix).

30. Huit sujets tirés des Fables de La Fontaine, 1852 (99-108) (1).

Eaux-fortes. Épreuves du 2e état dans la couverture de publication (la 7e planche est en 1er état avant la lettre).

31. Le Haut d'un battant de porte, 1852 (110).

Eau-forte. Épreuve du 3e état, tirée sur papier ancien, avec dédicace de l'auteur à Gustave Doré.
Il n'a été tiré qu'une trentaine d'épreuves de cet état.

32. Le Haut d'un battant de porte (110).

Eau-forte. Épreuve du 5e état.

33. Perdrix (112).

Eau-forte. Épreuve du 2e état, avant l'adresse de Delatre.

34. Margot la Critique (113).

Eau-forte. Épreuve du 2e état, avec dédicace de l'auteur à Gustave Doré.
Il n'a été tiré que dix épreuves de cet état.

35. Le Pêcheur et les deux enfants (120).

Eau-forte.

36. Sous bois (121).

Eau-forte, tirée à quelques épreuves. Épreuve sur Chine.

37. Ils s'en allaient, dodelinant de la tête... (125).

Eau-forte. Épreuve du 2e état, tirée sur papier ancien, avec dédicace de l'auteur à Gustave Doré.
Cet état n'a été tiré qu'à quatre exemplaires.

(1) *Les Graveurs du XIXe siècle*, par Henri Béraldi. *Paris, librairie Conquet.*

38. Ils s'en allaient, dodelinant de la tête... (125).

Eau-forte. Épreuve du 4e état.

39. Les Taupes (134).

Eau-forte. Épreuve d'un état non décrit, intermédiaire entre le 2e et le 3e.

40. L'Inconnu (174). — Vanneaux et Sarcelles, 1862 (175).

Deux eaux-fortes du 3e état.

41. La Mort du Matamore (177). — Hiver (180). — Pont des Saints-Pères (217).

Trois eaux-fortes. Épreuves du 4e état.

42. Les Cigognes (179).

Eau-forte. Épreuves du 1er état.

43. Un Buveur, d'après Alex. Lafond (241).

Eau-forte. Épreuve du 3e état, avec dédicace du graveur à Gustave Doré.

44. Paysage au cheval blanc, d'après Corot (252).

Eau-forte. Épreuve du 2e état.

45. Boissy d'Anglas, d'après Eugène Delacroix (341).

Eau-forte. Épreuve du 8e état, avant la lettre, mais avec l'initiale du graveur, et avec dédicace de Bracquemond à F. Bonvin. Cet état n'a été tiré qu'à cent exemplaires.

46. David, d'après Gustave Moreau, 1884 (348).

Eau-forte. Épreuve du 1er état, au trait.
Il n'a été tiré que vingt épreuves de cet état.

47. David, d'après Gustave Moreau, 1884 (348).

Eau-forte sur Japon. Épreuve du 8e état avant la lettre, avec les mots : *In progress....* au crayon.

48. La Rixe, d'après Meissonier (349).

Eau-forte. Épreuve du 2e état, non terminée, sur Japon. Il n'a été tiré que dix épreuves de cet état.

49. La Rixe, d'après Meissonier (349).

Eau-forte. Épreuve du 2e état, non terminée.

50. La Rixe, d'après Meissonier, 1885 (349).

Eau-forte. Épreuve du 6e état, non entièrement terminée, avec des essais de pointe dans la marge.

51. La Rixe, d'après E. Meissonier.

Épreuve avant la lettre, sur Japon, avec dédicace de Meissonier au docteur Michel.

52. Printemps, d'après J.-F. Millet.

Eau-forte. Épreuve du 1er état, au trait, sur Japon. Tiré à quelques exemplaires.

53. Printemps, d'après J.-F. Millet.

Eau-forte. Épreuve avant la lettre, sur Japon, avec les mots : *In progress...*, au crayon.

53 *bis*. Printemps, d'après J.-F. Millet.

Eau-forte. Épreuve avant la lettre, sur Chine, avec les mots : *In progress...*, au crayon.

54. Printemps, d'après J.-F. Millet.

Eau-forte. Épreuve avec la remarque, sur parchemin, avec les mots : *In progress...*, au crayon.

55. Automne, d'après J.-F. Millet.

Eau-forte. Épreuve du 1er état, au trait. Cet état n'a été tiré qu'à quelques exemplaires.

56. Automne, d'après J.-F. Millet.

Eau-forte. Épreuve avant la lettre, sur Japon. Une des deux épreuves tirées avec la double remarque (dans les épreuves de remarque les châtaignes ont été effacées).

57. Automne, d'après J.-F. Millet.

Eau-forte, sur parchemin. Épreuve avec la remarque, avec les mots : *In progress...*, au crayon.

58. Automne, d'après J.-F. Millet.

Eau-forte. Épreuve avant la lettre, sur Chine, avec les mots : *In progress...*, au crayon.

59. Le Nouveau-né, d'après J.-F. Millet.

Eau-forte. Épreuve du 3e état, avant la lettre, sur Japon.

60. Les Puiseuses d'eau, d'après J.-F. Millet.

Eau-forte. Épreuve du 2e état, avant la lettre, sur Japon.

61. Jeune bergère, d'après J.-F. Millet.

Eau-forte. Épreuve avant la lettre, sur Japon, avec les mots : *In progress...*

62. Jeune bergère, d'après J.-F. Millet.

Eau-forte. Épreuve avant la lettre, avec la remarque, sur Japon, avec les mots : *In progress...*, au crayon.

63. Jeune bergère, d'après J.-F. Millet.

Eau-forte. Épreuve avant la lettre, sur papier de Chine, avec les mots : *In progress...*, au crayon.

BRASCASSAT (Raymond).

64. Étude (tête de taureau).

Lithographie publiée dans les *Souvenirs d'artiste*. Épreuve sur Chine.

BURNEY (Félix).

65. Portraits de Béraldi père et fils. 1886.

Deux eaux-fortes, dont une sur Japon.

CALLOT (Jacques).

66. Siège de Bréda.

Estampe gravée à l'eau-forte, en six feuilles.

CARICATURES

67. Promenade au Palais-Royal. — Garde à vous. — Addition.

Trois pièces, dont deux coloriées.

CARICATURES ANGLAISES

68. The Corsican Tiger at Bay! — Death and Bonaparte.

Deux pièces contre Bonaparte. Épreuves coloriées.

69. Pièces par Gillray, contre Bonaparte et la Noblesse.

Vingt-trois eaux-fortes, imprimées sur quatre feuilles in-folio.

70. Pièces politiques et scènes de mœurs, 1800, 1817, 1829.

Neuf épreuves coloriées.

71. Pièces contre la Noblesse, le Clergé, etc., 1808, 1810, 1812.

Onze épreuves coloriées.

72. Belles and Beaus or a scene in Hyde Parke. – The Virtuoso. — The Rambler.

Trois pièces par Atkinson et Lisle, coloriées.

CHAIGNEAU (Ferdinand).

73. Le Soir.

Eau-forte. Épreuve d'essai avant toute lettre, sur Chine.

CHAMPOLLION (Eugène).

74. Le Menuet, d'après G. Jacquet.

Eau-forte. Épreuve d'essai avant toute lettre, sur parchemin, avec les mots : *In progress*..., au crayon.

75. La Balançoire, d'après Madrazo.

Eau-forte. Épreuve du 3e état, avant la lettre, sur Japon.

76. La Toilette de la fiancée, d'après Jules Lefebvre.

Eau-forte. Épreuve avant la lettre, avec les mots : *In progress*..., sur Japon.

77. Eaux-fortes pour *Mademoiselle de Maupin*, d'après L. Leloir.

Quatre pièces, dont deux à l'état d'eau-forte pure.

CHAPLIN (Charles).

78. Eaux-fortes et lithographies, d'après lui-même ou d'après Decamps, Jeanron, Hédouin et Leleux.

Six pièces sur Chine, dont trois avant la lettre.

CHARLET (Nicolas-Toussaint).

79. Sujets de genre, batailles, paysages.

Trente-trois lithographies et une eau-forte.

CHASSÉRIAU (Théodore).

80. Portrait de Théophile Gautier, gravé par Amédée Bodin.

Eau-forte. Épreuve sur Chine.

CHAUVEL (Théophile).

81. Solitude, d'après Ch. Daubigny (94) (1).

Eau-forte. Épreuve d'essai avant toute lettre, avec les mots *In progress...*, au crayon.

82. Solitude, d'après Ch. Daubigny (94).

Eau-forte. Épreuve avant toute lettre, sur parchemin, avec les mots : *In progress...*, au crayon.

83. Solitude, d'après Ch. Daubigny (94).

Contre-épreuve d'une épreuve avant toute lettre, avec les mots : *In progress...*. au crayon.

84. Ville-d'Avray, d'après Corot (95).

Eau-forte. Épreuve tirée sur la planche non encrée.

85. Ville-d'Avray, d'après Corot (95).

Eau-forte. Épreuve avant toute lettre, sur parchemin, avec les mots : *In progress...*, au crayon.

86. L'Orage, d'après Diaz (104).

Superbe lithographie. Épreuve sur Chine, signée au crayon par l'artiste.

87. Chien basset, d'après une esquisse de Decamps (109).

Lithographie tirée à cent épreuves. Imprimée sur papier de Chine fixé.

88. Souvenirs du Berri. — Avant l'orage. — Passage de la Ternoise. Eaux-fortes, cahier de 6 pièces, etc.

Douze pièces.

(1) Béraldi.

COURTRY (Charles).

89. La Bénédiction, d'après Zamocoïs. — Les Glaneuses d'après Millet (23) (1).

Deux eaux-fortes. Épreuves avant la lettre.

90. Le Condamné à Mort, d'après de Munkacsy, 1871 (32).

Eau-forte. Épreuve avant la lettre, sur Japon, signée du peintre.

91. Salomé, d'après Alfred Stevens, 1889.

Eau-forte. Épreuve du 2e état, non terminée, sur Japon, avec les mots : *In progress...*, au crayon.

92. Salomé, d'après Alfred Stevens.

Eau-forte. Épreuve du 3e état, avant la lettre, sur Japon, avec les mots : *In progress...*, au crayon.

93. Le Toast, d'après F. Willems. — L'Appel après la bataille, d'après Vibert. — Portrait, d'après A. del Sarte. — La Femme du bourgmestre.

Cinq eaux-fortes, dont une double et trois avant la lettre.

DAMMAN (Benjamin).

94. La Femme au puits, d'après J.-F. Millet.

Eau-forte. Épreuve du 2e état, avant la lettre, sur Japon, avec les mots : *In progress...*, au crayon.

95. Les Glaneuses, d'après J.-F. Millet.

Eau-forte. Épreuve tirée sur la planche non encrée.

96. Bergère, d'après J.-F. Millet, 1885.

Eau-forte. Épreuve du 3e état, avant la lettre, avec les mots : *In progress...*, sur parchemin.

(1) Béraldi.

97. Bergère, d'après J.-F. Millet, 1885.

Eau-forte. Épreuve du 3e état, avant la lettre, avec les mots: *In progress...*, sur Japon.

DAUBIGNY (Charles-François).

98. Environs de Subiaco (5) (1). — Saint Jérôme (10). — Vue prise au Bas-Meudon (59). — Paysages (64-65). L'Automne (66, 2 états différents). — Les Cerfs au bord de l'eau (72).

Huit eaux-fortes, dont une double. Quatre épreuves sur Chine.

99. Paysages (75, 77). — L'Ondée (78). — Villerville 80). — Le Guet du chien (82). — L'Aurore (83). — Poule et poussins (88). — Lever de lune (89). — Villerville, Anvers, etc.

Douze eaux-fortes, dont sept sur Chine.

DAUMIER (Honoré).

100. L'Ane et les deux voleurs. — Les Beaux jours de la vie, 17 pièces. — Types parisiens, 13 pièces. — Les Représentants représentés, 6 pièces. — Les Bas-Bleus, 12 pièces.

Ensemble, cinquante pièces. Tirages à part.

101. L'Imagination. — Les Représentants représentés.

Vingt-trois pièces, trées du *Charivari*, montées sur papier fort.

DAVID (Jules).

102. Titres de romances.

Huit pièces, dont deux avant la lettre.

DECAMPS et H. BARON

103. Croquis. — Scènes de genre, etc.

Sept lithographies, dont une double.

(1) Daubigny et son œuvre, par F. Henriet. *Lévy*, 1875.

DELACROIX (Eugène).

104. Cheval sauvage, 1828. — Jeune tigre jouant avec sa mère. — Lion dévorant un cheval.

Quatre lithographies, dont une d'après lui.

DELAROCHE (Paul).

105. Jane Gray. — Lord Strafford.

Deux estampes gravées au burin, par Henriquel-Dupont et Mercuri. Épreuves sur Chine.

DESBOUTIN (Marcellin).

106. Son portrait.

Pointe-sèche. Épreuve signée, d'un 1er état, non décrit par H. Béraldi, avant le monogramme du graveur.

107. Femme jouant de la flûte, d'après Frans Hals.

Pointe-sèche. Épreuve du 1er état, tiré à quelques exemplaires, signée.

108. Portraits de Corot, Daumier, Desboutin et Greuze.

Quatre pointes-sèches. Épreuves d'artiste.

109. Portrait d'Émile Zola. — Sujets de genre.

Six pointes-sèches, la plupart en épreuves d'artiste.

DETAILLE (Edouard).

110. Un Uhlan. — Trompette de chasseurs, 1874. — Cuirassier, 1875. — Chasseur à cheval, de profil. — Chasseur à cheval, vu presque de dos, 1874.

Cinq eaux-fortes, dont deux avant la lettre.

111. Cuirassier, 1875. — Chasseur à cheval, de profil. — Chasseur à cheval, vu presque de dos, 1874.

Trois eaux-fortes, dont deux avant la lettre.

112. Feuille de croquis, Muscadins, Grenadier de la Garde, etc.

Eau-forte. Épreuve d'artiste.

113. Programme pour le Cercle de l'Union artistique, avril 1874.

114. Le Rêve de l'Enfant, pour les Mélodies du comte d'Osmoy. — L'Enfouisseur et son compère. — Le Savetier et le Financier? Épreuve avant la lettre.

Cinq eaux-fortes originales, dont une en double.

115. Turcos. — Tambours, officier, etc. — Croquis de Bonaparte, 1886.

Lithographie non citée par H. Béraldi, tirée à trois exemplaires.

116. Dragons en marche et croquis de militaires.

Lithographie non citée par Béraldi. Épreuve sur Chine. Il n'a été tiré que quatre exemplaires de cette pièce.

117. Jeune artilleur appuyé sur l'affût d'un canon.

Lithographie. Épreuve d'essai, tirée sur papier grisâtre.

118. Cavalier bavarois.

Lithographie. Épreuve d'artiste sur Chine.

119. Cavalier bavarois.

Lithographie. Épreuve sur Chine, signée des initiales. Il n'a été tiré que quelques exemplaires de cette pièce.

120. Trompette de uhlan, 1887.

Lithographie. Épreuve d'artiste, sur papier de Chine.

121. Costumes et sujets militaires.

Neuf photogravures, la plupart avant la lettre, sur Chine.

122. Costumes et sujets militaires.

Dix photogravures, la plupart avant la lettre.

123. Costumes et sujets militaires.

Quatorze photogravures, dont plusieurs avant la lettre, sur Chine.

124. Costumes et sujets militaires. — Héliogravures d'après ses dessins.

Vingt-quatre pièces en épreuves d'artiste, dont trois eaux fortes.

125. Sujets militaires.

Vingt fac-similé d'après ses œuvres, la plupart en épreuves d'artiste.

126. Croquis militaires, fac-similé d'après ses dessins.

Vingt-trois pièces tirées à part sur Chine, et fumés.

127. Costumes militaires, batailles, etc.

Soixante-dix pièces, d'après les dessins de Detaille, tirées de *Paris illustré* et autres.

128. Costumes militaires. — Fête d'Offenbach, etc.

Vingt fumés et épreuves tirées à part, provenant de l'*Art*, de la *Vie moderne*, etc.

129. Costumes militaires.

Huit fac-similé, d'après ses dessins, dont plusieurs en épreuves d'essai.

130. Costumes militaires, pages d'albums, programmes, etc.

Quatorze pièces, d'après ses dessins, dont plusieurs sur Chine volant.

131. Costumes militaires, batailles, pages d'album, etc.

Quatre-vingt-cinq pièces, d'après ses dessins, tirées de la *Revue illustrée*, *Paris illustré*, etc.

132. Programmes illustrés du Cercle de l'Union artistique, 1877-1882.

Dix fac-similé, d'après ses dessins.

133. Programmes du Cercle Militaire et du Cercle de l'Union artistique, 1878, 1882, 1884, 1887.

Dix-sept fac-similé, dont plusieurs avant la lettre, sur Chine.

134. Panorama de Rezonville.

Photographie encadrée.

135. Costumes et sujets militaires.

Dix photographies et fac-similé de dessins, dont plusieurs sur Chine volant.

136. Costumes et sujets militaires.

Quarante-six photographies, d'après ses œuvres.

DIAZ (Narcisse).

137. Croquis, suite de 4 pièces. — La Veuve. — Les Fous amoureux, 6 pièces.

Dix lithographies originales.

138. Sujets de genre et paysages, gravés ou lithographiés par Ch. Geoffroy, Mary, Ch. Courtry, etc.

Trente pièces.

DORÉ (Gustave).

I

LITHOGRAPHIES. — BOIS

139. Vogue de Brou, 1845 (55) (1).

Lithographie à la plume. (Imp. *Ceyzériat*, à Bourg.)

140. A Versailles!!!!! 1845 (56).

Lithographie, imprimée à Bourg, chez *Ceyzériat*.

141. La Noce (57), lithographie à la plume. *Versailles, imprimerie Ceyzériat*, 1845, in-4.

142. Les Vertus terrassant les Vices, 1846, in-4 (58).

143. Album du Journal pour rire (60). — Caricatures, 1848, premier semestre, in-4. obl , br.

× 144. Caricatures. Trente lithographies à la plume, contenant plusieurs sujets par feuille, 1849 (61).

Épreuves avant la lettre, tirées à part.

145. Des-Agréments d'un Voyage d'agrément. *Paris, Arnauld de Vresse, s. d.*, in-4, obl., cart., couv. imp.

(1) Béraldi.

146. Trois Artistes incompris, méconnus et mécontents, leur voyage en province et ailleurs, leur faim déplorable et leur déplorable fin. *Paris* (63), ***Arnauld de Vresse, s. d.***, in-4, obl., cart., couv. imp.

147. Médecins (Les) (64), dix lithographies in-4, avant lettres (vers 1848).

148. Divers (64). Quatorze lithographies, in-4, avant lettres (vers 1848).

149. Types d'Alsaciens, de paysans (64). Cinq lithographies, in-4, avant lettres (vers 1848).

150. Différents publics de Paris (Les). *Aux bureaux du Journal amusant* (1854). Dix-neuf lithographies sur Chine, avant lettres.

151. Différents publics de Paris (Les) (66). Seize lithographies avant lettres.

152. Ménagerie parisienne (La). *Aux bureaux du Journal pour rire*, 1854. Dix-sept lithographies in-4, obl., avant lettres.

Les Lions. — Petits Lions. — Lionnes dans leur voiture. — Lionnes (sortie de la messe). — Lionnes et leurs petits (Tuileries). — Paons (dames décolletées dans leurs loges à l'Opéra). — Rats (de l'Opéra). — Rats peints. — Rats de jardin (cafés-concerts). — Les Loups (bal de l'Opéra). — Vautours (propriétaires). — Dindons et Oies (arracheurs de dents). — Serpents (portières). — Pies (femmes au lavoir). — Crapauds. — Coq de barrière — Chouettes (promeneuses nocturnes).

153. Titres de romances. Dix-neuf lithographies origi-

nales de G. Doré, pour des romances d'Ernest Doré, Guimet, etc. (68).

Très belles et rares épreuves tirées à part, sur Chine.

154. La Rue de la Vieille-Lanterne (mort de Gérard de Nerval) (69).

Lithographie, sur Chine.

155. Lithographies. Trente pièces, la plupart avant la lettre, pour la Guerre d'Italie, l'Album (71) de Gustave Doré, les Contes de Perrault, le Musée Français-Anglais.

156. Scène de carnaval (73).

Lithographie. Épreuve avant la lettre, sur Chine.

157. Entre ciel et terre. — Le Dernier banquet (80).

Deux lithographies. Planches 8 et 9 de l'Album de G. Doré. 1862. Epreuves avant la lettre, sur Chine.

158. Naufrage au port (80).

Lithographie. Planche 3 de l'Album de G. Doré. Épreuve avant la lettre sur Chine.

159. Rira bien qui rira le dernier (80).

Lithographie. Planche 5 de l'Album de G. Doré. 1862. Épreuve avant la lettre, sur Chine.

160. Chansons de Nadaud. Vingt-sept lithographies à la plume, 1867 (81).

161. Don Quichotte et Sancho Pança.

Lithographie non mentionnée par M. Béraldi. Épreuve avant la lettre, sur Chine.

162. L'ensevelissement en Alsace.

Lithographie. Épreuve avant la lettre, sur Chine.

163. La Grand'Mère.

Lithographie. Épreuve avant toute lettre, sur papier de Chine.

164. Famille de mendiants.

Lithographie. Épreuve avant toute lettre, sur Chine.

165. Chasse à l'hippopotame. — Chasse au tigre. Chasse à l'ours, 1852.

Trois lithographies. Nos 2, 3 et 4 d'une suite publiée par Turgis, non citée par H. Béraldi.

166. Chasse au sanglier.

Lithographie. Épreuve avant la lettre, sur Chine.

167. Bombardement de Strasbourg (1870). — La Marseillaise. — Brevet de la Garde nationale. — Saltimbanques.

Quatre pièces, dont trois lithographies.

168. Lithographies originales. — Gravures sur bois d'après ses œuvres.

Environ cent pièces, dont plusieurs sur Chine volant.

169. Bon vieux temps (Le), par le *bibliophile P. L. Jacob*, 11 pièces. — Chasse aux lions, par Jules Gérard, 12 épreuves, dont une tirée à part sur Chine. — Fierabras, par Mary Lafon, 13 épreuves avec texte au verso. — Mexique illustré, par Malte-Brun, 13 épreuves avec texte au verso.

Ensemble, quarante-neuf pièces.

170. Gravures sur bois pour *Don Quichotte*, les *Fables de La Fontaine*, le *Dante*, etc...

Environ deux cent cinquante pièces, quelques-unes sont en nombre.

171. Folies-Gauloises, depuis les Romains jusqu'à nos jours. *Aux bureaux du Journal amusant*, 1852, dix-neuf planches in-4 obl., avant lettres.

172. Historical Cartoons from the 1st century to the 19th. *London, John Camden, s. d.*, in-4 obl., cart.. couv. imp.

173. Journal pour tous, 1855-1859, quatre cent six bois pour les romans publiés par le journal, montés sur papier fort, en 3 vol. in-4, dem.-rel., mar. vert, tête dor.

174. Mémoires d'un jeune cadet, par Victor Perceval. *Paris, Barba*, 1856.

Quarante-neuf bois, montés sur papier fort.

175. Monde illustré, etc. Gravures sur bois.

Quarante pièces.

176. Photographies d'après ses œuvres peintes et dessinées. Cinquante-cinq épreuves pour La Fontaine, l'Enfer, Londres, etc...

177. Photographies exécutées par M. Michelez, d'après des œuvres peintes, dessinées ou sculptées par Gustave Doré.

Soixante e onze pièces.

178. Bible. *Mame,* 1866. Quatre-vingt-quatorze photographies par Gabriel Blaise, d'après ses dessins.

179. Œuvres du Dante. Bible. Sculptures, etc...

Quatre-vingt-quinze photographies, d'après ses œuvres.

180. Photographies d'après les œuvres peintes et dessinées de G. Doré.

Cent vingt planches, dont différentes compositions pour La Fontaine, Milton, Perrault et pièces publiées par Michelez.

II

EAUX-FORTES

181. Portrait de l'artiste.

Eau-forte d'Adolphe Lalauze, d'après Carolus Duran. Dix-huit épreuves.

182. Les joyeux Ivrognes (1).

Eau-forte. Épreuve du 1er état, au simple trait.

183. Les joyeux Ivrognes (1).

Eau-forte. Épreuve du 2e état.

184. Les joyeux Ivrognes (1).

Eau-forte. Épreuve du 3e état, retouchée à l'encre de Chine.

185. Les joyeux Ivrognes (1).

Eau-forte. Épreuve du 3e état, avec la signature et le no 8.

186. Les joyeux Ivrognes (1).
Eau-forte. Épreuve du 3e état. Double.

187. Les joyeux Ivrognes (1).
Eau-forte. Épreuve du 4e état.

188. Le mont Saint-Michel (2).
Eau-forte. Épreuve du 2e état.

189. Le mont Saint-Michel (2).
Eau-forte. Épreuve du 2e état, retouchée à la mine de plomb.

190. Montagnes d'Écosse (3).
Eau-forte. Épreuve du 1er état.

191. Montagnes d'Écosse (3).
Eau-forte. Épreuve du 2e état

192. Montagnes d'Écosse (3).
Eau-forte. Épreuve du 2e état, retouchée à la mine de plomb

193. Torrent dans les Alpes (4).
Eau-forte pure. Seul état.

194. Épisode du siège de Paris (5).
Eau-forte. Épreuve du 2e état, avec l'inscription sur le mur.

195. Episode du siège de Paris (5).
Eau-forte. Épreuve du 3e état, remordu.

196. Haquet de brasseur à Londres, 1872 (7).
Eau-forte. Épreuve du 1er état.

197. Haquet de brasseur à Londres, 1872 (7).

Eau-forte. Épreuve du 2e état.

198. A la belle étoile sur le pont de Londres (8).

Eau-forte. Épreuve du 1er état, retouchée à la mine de plomb.

199. A la belle étoile sur le pont de Londres (8).

Eau-forte. Épreuve du 2e état.

200. Une Mendiante à Londres (9).

Eau-forte. Épreuve du 1er état, non décrit, avant les contre-tailles sur la robe et avant la signature de l'artiste, retouchée à la mine de plomb.

201. Une mendiante à Londres (9).

Eau-forte. Épreuve du 2e état, sur papier du Japon. La planche a été détruite.

202. Une mendiante à Londres (9).

Eau-forte. Contre-épreuve du 2e état, sur Japon. Unique.

203. Misérables sur le pont de Londres, première planche (10).

Eau-forte. Épreuve retouchée à la mine de plomb.

204. Misérables sur le pont de Londres, 1873 (11), deuxième planche.

Eau-forte. Épreuve du 1er état.

205. Misérables sur le pont de Londres, 1873 (11), deuxième planche.

Eau-forte. Épreuve du 2e état.

206. La petite mendiante (13).

Eau-forte, 1er état. Deux épreuves, dont une tirée à moitié du sujet.

207. La petite mendiante (13).

Eau-forte. Épreuve du 2e état.

208. La petite mendiante (13).

Eau-forte. Épreuve du 3e état.

209. La petite mendiante (13).

Eau-forte. Épreuve du 4e état.

210. Marchandes de fleurs à Londres, 1876 (15).

Eau-forte. Épreuve du 1er état.

211. Marchandes de fleurs à Londres (15).

Eau-forte. Épreuve du 2e état.

212. Marchandes de fleurs à Londres (15).

Eau-forte. Épreuve du [illegible] état.

213. Contrebandiers espagnols, 1876 (16).

Eau-forte. Épreuve unique du 2e état (planche détruite après un tirage de quelques épreuves).

214. Enfants espagnols, d'après un tableau appartenant au docteur J. Michel (18).

Eau-forte. Épreuve du 1er état.

215. Enfants espagnols (18).

Eau-forte. Épreuve du 1er état, retouchée au crayon.

216. Enfants espagnols (18).

Eau-forte. Épreuve du 2e état.

217. Enfants espagnols (18).

Eau-forte. Épreuve du 2e état, retouchée à la mine de plomb.

218. Enfants espagnols (18).

Eau-forte. Épreuve du 4e état.

219. Les Joueurs de boule, scène espagnole (19).

Eau-forte.

220. Distribution de pain au couvent, d'après le tableau appartenant au docteur J. Michel (20).

Eau-forte. Épreuve du 1er état.

221. Distribution de pain au couvent (20).

Eau-forte. Épreuve unique du 2e état.

222. La Charité, scène espagnole (22).

Eau-forte. Épreuve du 2e état.

223. La Grand'Mère (23).

Eau-forte. Épreuve du 1er état, au simple trait.

224. La Grand'Mère (23).

Eau-forte. Épreuve du 3e état, sur Japon.

225. La Grand'Mère (23).

Eau-forte. Épreuve du 3e état.

226. Le Sablier (24).

Eau-forte. Planche détruite après un tirage de quelques épreuves.

Notre épreuve est déchirée.

227. Le Combat, scène tirée de l'*Arioste* (25).

Eau-forte. Épreuve du 1er état.

228. Le Combat, scène tirée de l'*Arioste* (25).

Eau-forte. Épreuve du 2e état, sur Japon.

229. Le Combat, scène tirée de l'*Arioste* (25).

Eau-forte. Contre-épreuve unique du 2e état, sur Japon.

230. Le Néophyte, première planche inédite (26).

Eau-forte, tirée à quelques épreuves. Épreuve sur Chine.

231. Le Néophyte, troisième planche inédite (28).

Eau-forte. 1er ÉTAT NON DÉCRIT, avant différents travaux dans les figures et avant le fond. Épreuve unique, déchirée.

232. Le Néophyte, troisième planche inédite (28).

Eau-forte. Épreuve du 2e état, seul décrit, sur Chine.
Tiré à quelques épreuves d'essai.

233. Le Néophyte, quatrième planche inédite (29).

Eau-forte. Épreuve sur Chine.
Tiré à quelques épreuves d'essai.

234. Le Néophyte, cinquième planche inédite (30).

Eau-forte. Épreuve sur Chine.
Tiré à quelques épreuves d'essai.

235. Le Néophyte, cinquième planche inédite (30).

Eau-forte. Épreuve sur papier vergé.
Tiré à quelques épreuves d'essai.

236. Le Néophyte, sixième planche inédite (31).

Eau-forte, signée et datée, 1876. Épreuve sur Chine.
Tiré à quelques épreuves d'essai.

237. Le Néophyte, septième planche inédite (32).

Eau-forte. Épreuve sur Chine.
Tiré à quelques épreuves d'essai.

238. Le Néophyte, huitième planche inédite (33).

Eau-forte. Épreuve sur Chine.
Tiré à quelques épreuves d'essai.

239. Le Néophyte, neuvième planche publiée (34).

Eau-forte. Épreuve du 2e état, avec la lettre, sur Chine.

240. Tête de Christ portant sa croix (35).

Eau-forte. Épreuve du 3e état, avant la lettre, sur Chine.

241. Tête de Christ portant sa croix.

Eau-forte, non publiée. Variante de la pièce précédente. Épreuve non terminée.

242. Tête de Christ portant sa croix.

Eau-forte, non publiée. Variante de la pièce précédente. Épreuve non terminée.

243. Le Baiser de Judas (36).

Eau-forte. Planche abandonnée après quelques épreuves d'essai.

244. Rossini sur son lit de mort (51).

Eau-forte. Épreuve coupée.

245. Rossini sur son lit de mort (52).

Eau-forte. Épreuve du 1er état.

246. Rossini sur son lit de mort (52).

Eau-forte. Épreuve du 2e état, retouchée à l'encre de Chine et au crayon.

247. Le Christ allant au Calvaire, 1877.

Estampe gravée au burin. Épreuve avant la lettre, sur Chine.

248. La Vision du Christ. Composition allégorique, 1879.

Estampe gravée au burin par Alph. François. Épreuve avant la lettre, sur Chine, signée par le peintre et le graveur.

249. La Chute du paganisme. — Andromède.

Deux estampes gravées par W. Simmons. Épreuves avant la lettre, sur Chine, dont une signée du peintre et du graveur.

250. Elaine, Viviane, Genièvre, Enide, par Tennyson.

Dix-sept gravures sur acier, gravées par Brandard, Barlow, Mote, etc. Epreuves sur Chine.

251. Petite Mendiante. — L'Aumône. Scènes espagnoles.

Deux pièces gravées au burin par J. Saddler. Épreuves avant la lettre, sur Chine.

252. La Vigne.

Eau-forte, par E. Champollion. Quatre épreuves à l'état d'eau-forte pure, avant et avec la lettre.

253. La Vigne.

Eau-forte, par Champollion. Épreuve du 3e état, avant la lettre, sur Japon.

III

FUMÉS. — ÉPREUVES SUR CHINE

254, ARIOSTE. Roland Furieux, *Paris, Hachette*, 1879. Deux cent quatre-vingt-sept fumés, tirages à part sur Chine, et quelques pièces inédites.

255. BIBLE (LA). *Mame*, 1866. Soixante-quatre fumés et épreuves sur Chine, dont quinze pièces supplémentaires de la première édition.

256. CHANSON DU VIEUX MARIN (LA), par Coleridge. *Paris*, *Hachette*, 1877. Exemplaire contenant soixante-cinq fumés et épreuves retouchées par G. Doré.

257. CHEMIN DES ÉCOLIERS (LE), par Saintine. *Paris, Hachette*, 1861. Six épreuves tirées à part, remontées sur papier fort.

258. CHEVALIER JAUFRE (LE), par Mary Lafon. *Librairie nouvelle*, 1856. Douze épreuves tirées à part sur Chine.

259. CONTES DROLATIQUES (LES) de Balzac. *Paris, bureaux de la Société générale de Librairie*, 1855, in-8. Trois cent trente et un fumés, tirages à part sur Chine, planches refusées, montés sur papier fort, en 3 volumes in-4, dem.-mar. rouge, tête dor.

Manquent les vignettes. Table des dessins. 8, 9, 13, 14, 15, 16, 17, 18, 19, 20, 21, 25.

5, 7, 11 (1), 22, 26, 29 (2), 31, 42, 61, 64. 66, 84, 90, 93,

100, 111, 114, 116, 119, 126, 135 (1), 142, 144, 158, 163, 167, 169, 178, 195, 204 (1), 210, 234, 243, 249, 259, 260, 262 (1), 263 (1), 279, 288, 330, 331, 332 (1), 334 (1), 335, 340, 345, 353, 357, 362, 365 (1), 366, 379, 401, 407, 413, 425, 427, 468, 488, 49[illegible], 508 (1), 518, 525, 531, 536, 542, 557 (2), 558, 601, 608, 615.

260. Doubles du précédent.

Vingt-deux pièces.

261. Contes de Perrault (les). *Paris, Hetzel*, 1862. Vingt-quatre épreuves sur Chine.

262. Don Quichotte. *Paris, Hachette*, 1863. Quarante-deux fumés, épreuves sur Chine et tirées à part.

263. Don Quichotte. — L'Attentat. — Le Juif Errant. Titre, etc.

Gravures sur bois. Dix-huit épreuves, la plupart en tirages à part.

264. Enfer du Dante (l'). *Paris, Hachette*, 1861. Soixante-dix épreuves, dont quelques fumés et Chine volant retouchés par G. Doré.

265. Espagne (l'), par le baron Davillier. *Paris, Hachette*, 1874. Trente-quatre fumés et épreuves sur Chine.

266. Essais de Montaigne. *Paris, Bry*, 1859 Douze épreuves sur Chine.

267. Histoire des Croisades, par Michaud. *Paris, Furne*, 1877. Quarante-neuf fumés et épreuves sur Chine.

268. LA FONTAINE. Fables. *Paris, Hachette*, 1867. Cent vingt-huit fumés, tirages à part sur Chine et quelques pièces inédites.

269. LONDRES, par Louis Enault. *Londres*, 1872. Trois cent cinquante fumés, tirages à part sur Chine, planches non publiées, variantes, etc., remontés sur papier fort. Plusieurs de ces pièces sont retouchées par G. Doré.

Manquent les pièces des pages 110, 125, 158, 295, 298, 303, 306, 332 et 396.

270. LONDRES, par Louis Enault. *Londres*, 1872. Doubles de l'ouvrage précédent, deux cent six planches, fumés et tirages à part. Quelques épreuves des sujets non publiés.

271. MYTHOLOGIE DU RHIN (LA), par Saintine. *Paris, Hachette*, 1862. Trente-six fumés et épreuves sur Chine, remontés sur papier fort.

272. RABELAIS (Œuvres de). *Paris, J. Bry aîné*, 1854. Soixante-quinze fumés et épreuves tirés à part sur Chine, remontés sur papier fort.

Manquent les vignettes, pages 25, 52, 64, 76, 77, 89, 113, 117, 120, 121, 125, 140, 144, 145, 161, 165, 169, 172, 173, 185, 188, 189, 233, 249, 269, 274, 280, 284, 289 et 310.

273. RABELAIS (Œuvres de). *Paris, Garnier frères*, 1873. Six cent cinquante-huit fumés, épreuves à part sur Chine, variantes et quelques-unes des pièces refusées, remontés sur papier fort.

Manquent : tome I. En-têtes des pages 242, 247, 323, 328.
Vignettes. 78, 138, 151, 197, 287, 386, 421.
Culs-de-lampe. 34, 106, 114, 123, 163, 165, 251, 255, 350, 377, 388.

Tome II. En-têtes des pages 13, 28, 63, 68, 75, 85, 110, 112, 138, 141, 145, 153, 157, 170, 180, 206, 225, 227, 263, 277.

Vignettes. 16, 21, 50, 61, 122, 214, 222, 223.

Culs-de-lampe. 7, 22, 36, 70, 87, 106, 111, 142, 164, 169, 177, 196, 226, 230, 244.

274. Doubles de l'ouvrage précédent. Trois cent vingt-cinq fumés et épreuves sur Chine.

275. SHAKESPEARE. Epreuves d'essais, et non terminées, pour une illustration projetée de ses œuvres.

Dix pièces inédites.

276. SHAKESPEARE. Fumés et épreuves d'essais sur Chine pour une illustration projetée de ses œuvres.

Quinze pièces inédites.

277. VOYAGE AUX PYRÉNÉES, par Taine. *Paris, Hachette*, 1860. Vingt-trois fumés et épreuves sur Chine, remontés sur papier fort.

278. FUMÉS DIVERS.

Quatre-vingts gravures sur bois, la plupart en épreuves sur Chine et fumés.

279. FUMÉS DIVERS.

Cinquante pièces.

280. FUMÉS DIVERS.

Quatre-vingt-huit pièces.

IV

OUVRAGES ILLUSTRÉS PAR GUSTAVE DORÉ

281. About (Edmond). Le Roi des Montagnes, nouvelle édition illustrée par Gustave Doré. *Paris, Hachette*, 1884, in-8, dem. rel. mar. rouge, tête dor., non rog., couv. imp.

282. Arioste. Roland furieux. *Paris, Hachette*, 1879, in-fol., en feuilles dans un carton.

Exemplaire sur papier de Chine.

283. Balzac. Les Contes drolatiques, illustrés de dessins de Gustave Doré. *Paris, Garnier, s. d.*, in-12, dem.-rel., dos et coins mar. rouge, non rog.

Portrait à l'eau-forte de Gustave Doré, ajouté.

284. Bible (la), illustrations de Gustave Doré. *Maëstricht*, 1875, in-4, cart. (En hollandais.)

285. Byron (lord). Œuvres complètes, illustrées par Gustave Doré, etc. *Paris*, 1855, in-8, dem.-rel. mar. rouge, non rog., couv. imp.

285 *bis*. Cervantès. The History of Don Quixote, illustrated by Gustave Doré. *London, Cassell, s. d.*, in-4, cart.

286. Chanson du Vieux Marin (la), par Coleridge. *London*, 1876, in-fol., cart. de l'éditeur.

Envoi de Gustave Doré.

287. Rabelais. Œuvres. Illustrations par Gustave Doré. *Paris, Bry*, 1854, in-8, dem.-rel. mar. rouge, non rog.

288. Rabelais. Œuvres, texte collationné sur les éditions originales, illustrations de Gustave Doré. *Paris, Garnier*, 1873, 2 vol. in-fol., cart. de l'éditeur.

DREVET (Pierre).

289. Louis le Grand, d'après Hyacinthe Rigaud. — Rigaud, d'après lui-même, 1703.

Deux portraits, in-folio, gravés au burin. Épreuves anciennes.

DUPRÉ (Jules).

290. Pacages du Limousin. — Vue prise en Angleterre. — Moulin de la Sologne.

Trois lithographies parues dans les *Souvenirs d'artiste*.

FLAMENG (Léopold).

291. La leçon d'anatomie, d'après Rembrandt (220) (1).

Eau-forte. Épreuve avant toute lettre, sur Japon.

292. Les Syndics, d'après Rembrandt (221).

Eau-forte. Épreuve avant toute lettre, sur Japon.

293. L'incendie, d'après une peinture du musée Boymans.

Eau-forte, non décrite par Béraldi. Cette pièce n'a été tirée qu'à dix exemplaires.

294. Le marché aux chevaux, d'après Mademoiselle Rosa Bonheur, 1887.

Eau-forte. Épreuve avant la lettre, avec la remarque, sur Japon. Tiré à dix exemplaires.

295. Le Soir, d'après Alfred Parsons.

Eau-forte. Épreuve avant la lettre.

296. La Discussion de la dot, d'après Mössler.

Eau-forte. Épreuve d'essai avant la lettre, sur Japon.

(1) Béraldi.

297. Les Glaneuses, d'après Jules Breton.

Eau-forte. Épreuve du 3e état, avant la lettre, sur Japon. Signée.

298. Gilles, d'après Ant. Watteau.

Eau-forte. Épreuve avant toute lettre, sur Japon.
Planche détruite après un tirage de cent cinquante épreuves.

299. Portrait du Dr Huxlez, d'après John Collier.

Eau-forte. Épreuve avant la lettre, sur Japon. Signée.

300. Adresse de Martial Deschamps. — Daniel Steen. — Vignette pour Molière. — Le Cabaret de la mère Marie, etc...

Six eaux-fortes, dont une avant la lettre, sur Japon.

301. La Source. — L'Angélique, d'après Ingres.

Deux eaux-fortes, dont une sur Chine.

FLANDRIN (Hippolyte).

302. Frise de la nef de l'église Saint-Vincent de Paul, peinte par Hippolyte Flandrin, reproduite par lui en lithographie.

Quatorze planches sur Chine. Cartonnées. Mouillures.

FLORIAN (Frédérick).

303. Sujets de genre, d'après A. Besnard, Forain, L. Doucet, J. Béraud et Jeanniot.

Onze gravures sur bois. Épreuves d'artiste sur Chine volant et signées du graveur.

FOULQUIER (Valentin).

304. Sept vignettes pour la *Chartreuse de Parme*, de Stendhal (*Paris, Conquet*, 1883.)

Rares épreuves à l'état d'eau-forte pure, sur Japon.

FRAGONARD (Honoré).

305. Vignettes pour les *Contes de La Fontaine*, copies à l'eau-forte. — Vignettes pour le *Roman Comique* de Scarron.

Quarante-huit eaux-fortes. Épreuves d'artiste avant la lettre, quelques-unes non terminées.

FRANÇAIS (F. Louis).

306. La Barque de Don Juan, d'après Eug. Delacroix. — Paysages, etc.

Sept lithographies. Titres de romances, dont quatre avant la lettre, sur Chine.

FUMÉS DIVERS

307. Environ deux cent cinquante fumés et épreuves sur Chine pour l'*Histoire de France de Guizot*, les *Merveilles de l'Architecture*, *etc...*

GAILLARD (Claude-Ferdinand).

308. Gattamelata (18) (1). — Dante (27).

Deux burins. Épreuves sur Chine.

309. Portrait du pape Pie IX (31).

Burin. Épreuve sur chine, du 7e état.

310. Portrait du R. P. Hulin (42).

Burin. Épreuve avant la lettre, sur papier de Chine.

(1) Béraldi.

GAVARNI

311. Portraits de l'artiste. — Physionomies de chanteurs. — Souvenirs de carnaval. — Sujets tirés de l'*Artiste* et de la *Sylphide*, etc.

Trente-quatre lithographies, dont plusieurs avant la lettre, sur papier de Chine.

312. Affiche des œuvres choisies de Gavarni, publiées par *Hetzel*.

313. Une Soirée chez Dinocheau.

Curieuse lithographie, avec les portraits de Champfleury, Monselet, Th. Barrière, Aurélien Scholl, etc...

GIACOMELLI (Hector).

314. Vignettes et culs-de-lampe, pour l'*Insecte*, par Michelet.

Gravures sur bois. Vingt et une pièces, fumés et épreuves tirées à part, sur Chine.

315. Vignettes et culs-de-lampe, pour l'*Oiseau*, par Michelet.

Gravures sur bois. Six pièces. Fumés et épreuves, tirées à part, sur Chine.

316. Vignettes et culs-de-lampe, pour *Nature*, par Madame Michelet.

Gravures sur bois. Soixante-dix-huit pièces. Fumés et épreuves, tirées à part, sur Chine.

317. Sous bois. — Légende du Rouge-Gorge. — Marie Howet.

Gravures sur bois. Onze pièces. Fumés et épreuves, tirées à part, sur Chine.

318. Vignettes et culs-de-lampe divers.

Gravures sur bois. Quinze pièces, Fumés et épreuves, tirées à part, sur Chine.

319. Joies et misères des petits oiseaux. — Les Mois, etc...

Trente pièces avec texte au verso.

320. Vingt-deux gravures sur bois d'après ses dessins.

Épreuves, tirées à part, sur Chine.

321. Quatorze gravures sur bois d'après ses dessins.

Épreuves, tirées à part, sur Chine volant et épreuves pour la retouche.

322. Héliogravures d'après ses dessins.

Trente-deux pièces, la plupart avant la lettre et en plusieurs états.

323. Seize photographies d'après ses dessins.

GILL (André).

324. Le duc d'Aumale. — Sarah Bernhardt. — Louis Blanc. — Paul de Cassagnac. — Coquelin. — Daubray. — Gambetta. — Garibaldi. — Guillaume. — J. Grévy. — Victor Hugo. — Léopold II. — Littré. — Mac-Mahon. — Naquet. — Thiers.

Seize pièces sur Japon, quelques épreuves sont avant la lettre.

GRAVEURS DU XIXe SIÈCLE (Les).

325. Eaux-fortes et lithographies par Courtry, F. Buhot, Chéret, Guérard, Fantin-Latour, etc., pour les *Graveurs du XIXe siècle*, par Henri Béraldi.

Dix-sept pièces.

GRAVURES ANCIENNES

326. Cinquante-sept pièces de différentes écoles, gravées par Cars, Fessard, J. Morin, Hubert, Soutman, etc...

327. Album contenant deux cent vingt-neuf pièces, portraits, paysages, etc., gravés par Kilian, Jenichen, Sandrart, Swanenburg, Furck, Verkalie, Moitte, Boizot, etc.

GRAVURES MODERNES

328. Batailles, portraits, sujets de genre, etc.

Quatre-vingts pièces, gravures sur bois, lithographies et eaux-fortes.

329. Quatre-vingt-quatre pièces, gravées par Duplessis-Bertaux, Régamey, Trimolet, Sadoux, Ledieu, etc.

GUÉRIN (Pierre-Narcisse).

330. Le Vigilant. — Le Paresseux. — Qui trop embrasse mal étreint.

Trois lithographies, dont une du 1er état, avant la lettre, sur Chine.

HÉDOUIN (Edmond).

331. Vignette pour *Manon Lescaut*, 2 états. — Paysanne ossaloise. — Danse juive. — Jeune femme assise, etc...

Sept eaux-fortes, dont quatre avant lettre.

HUET (Paul).

332. Eaux-fortes, par Paul Huet, de 1830 à 1868. *Paris, Goupil, s. d.*

Vingt-quatre pièces. Épreuves sur Chine à toutes marges.

HUET Fils (René-Paul).

333. Paysages.

Dix eaux-fortes, la plupart en épreuves d'artistes avec remarques.

HUGO (Victor).

334. Pièces pour les *Travailleurs de la Mer.*

Dix-sept gravures sur bois, d'après les dessins de V. Hugo et Vierge. Épreuves d'artiste, tirées à part.

JACQUE (Charles).

335. Un homme dans une cave (6) (1). — La prière (11). — Maisons à Cricey (14-15). — Tête de Vieillard (18-2e état).

Cinq eaux-fortes.

336. Le Fumeur (19). — Le Tueur de cochons (26-2e état). — La Cruche cassée (27).

Trois eaux-fortes.

337. Mendiant (29-3e état). — Paysage (30-1er et 2e états). — Récureuse (33-2e état).

Quatre eaux-fortes.

338. Bords d'une rivière (34). — Paysage : Environs d'Asnières (35-2e état). — Près de Saint-Denis (37-2e état non décrit). — Paysage (38-2e état).

Quatre eaux-fortes.

339. Deux cochons (42-2e état). — Chien couché (43-2e état). — Les Tueurs de cochons (48-2e état). — Le Repas des paysans (49-4e état). — Un coin de ferme (51-3e état).

Cinq eaux-fortes.

(1) L'Œuvre de Ch. Jacque, dressé par J.-J. Guiffrey, 1866.

340. Paysanne (57-2e état). — Escalier (60). — La poésie dans les bois (61-2e état). — Paysage : Saules (65-2e état). — Puits (71).

Cinq eaux-fortes.

341. Intérieur de ferme (72). — Le Moulin de Rembrandt (76-2e état). — Titre (77). — Chaumière de paysans (78-2e état). — Maison de paysans (80-2e état). — Cour de paysan (81-2e état non décrit).

Six eaux-fortes.

342. Le cavalier (83-3e état). — Femme faisant rentrer les porcs (86-2e état). — Forgeron (93-2e état). — Troupeau de porcs (92-2e état).

Cinq eaux-fortes, dont une double.

343. Paysage (99 4e état). — Chariot attelé de bœufs (103-2e et 3e états). — Cabanes de pêcheurs (108-2e état). — Charrue attelée au repos (111). — Lisière de bois (124-2e état). — Fumeur (128).

Huit eaux-fortes, dont deux doubles.

344. Lisière de bois (135). — Paysage : Animaux (144). — Paysage d'Hobbéma (158-3e état). — Le Travail rustique, d'après le même (157-3e état). — Portrait de l'auteur (170). — Vache paissant (176).

Six eaux-fortes.

345. Tir à la bécasse (177). — Première leçon d'équitation (178). — Le printemps (179). — Pastorale (180). — Le repos (181). — Le labourage (182).

Sept eaux-fortes, dont une double. Épreuves imprimées par Sarazin.

346. L'Arrivée au champ (183). — Pêche au vif (184). — L'Eté (185). — Le Matin (186). — Petits, petits ! ! (187). — Paysage (188).

Six eaux-fortes. Épreuves imprimées par Sarazin.

347. Une ferme (189). — Pifferaris (190). — La Rentrée (191). — Paysage (192). — Vaches hollandaises (193). — Le Repas (194).

Six eaux-fortes imprimées par Sarazin.

348. L'Hiver (195). — Les Petites vachères (196). — Un coin de cour (197). — L'Abreuvoir (198). — Le Petit porcher (199). — Le Chemin de halage (200). — Coq et poules (201).

Sept eaux fortes imprimées par Sarazin.

349. La Petite forge (213). — Moine en prière (216). — Le Vieux mendiant (214).

Quatre eaux-fortes, dont une double.

350. Tête d'homme (253).

Eau-forte. Portrait supposé de l'imprimeur Delatre. Très rare épreuve du 1er état avant la signature.

351. Auberge (258). — Vaches à l'abreuvoir (268). — Crépuscule (273). — Le Vieux pauvre (275). — Buveurs (278). — La Lecture (280). — Marchand de melons (299).

Sept eaux-fortes.

352. Cerf, d'après Barye (323).—Van de Velde, d'après Le Poittevin (329). — Vignettes, d'après Leleux, Penguilly et T. Johannot (378-379-384-385). — Cendrillon (410, 2e état).

Sept eaux-fortes, dont quatre avant la lettre.

353. Sept sujets sur la même planche.

Rare épreuve avant la planche coupée (pointe-sèche).

354. Collection d'eaux-fortes.

Trente pièces publiées par A. Delahays. Épreuves à toutes marges, sur papier de Chine.

355. Paysages et animaux (7, 8, 99, 108). — Portrait de J. Luquet.

Cinq eaux-fortes, dont quatre sur Chine.

356. Paysages (35, 65, 78, 107, 117, 189).

Six eaux-fortes. Épreuves sur Chine.

357. Moulin à Montmartre. — Dessous de porte (7 et 8). — Buveur. — Escalier devant une maison (12 et 13). — Paysage (47). — Puits (73).

Six eaux-fortes, deux à la feuille.

358. Le Soir (94, 2e état). — Une femme donnant à manger à des porcs (150, 2e état). — La Souricière (162, 3e état avec l'adresse de Salmon). — Une cour à Paris en 1865 (207, 2e état). — La Maréchalerie (208, 4e état). — Chaumières bourguignonnes (212). — Gavarni, Madame *** (396).

Sept eaux-fortes, dont trois sur Chine.

359. Paysages et animaux.

Quinze eaux-fortes. Belles épreuves.

360. Paysages, animaux et sujets de genre.

Vingt eaux-fortes,

361. Caricatures et vignettes diverses.

Vingt-trois eaux-fortes et lithographies.

362. Paysages, animaux et sujets de genre.

Vingt-quatre eaux-fortes.

363. Marine. — Chercheur de truffes. — Animaux. — Faneuse.

Six pièces, lithographies, chromolithographies et report.

364. Militairiana. *Paris, Arnauld de Vresse, s. d.*, in-4, 20 planches de caricatures, cart., couv. imp.

365. Le Printemps.

Lithographie par Ch. Jacque et Mouilleron. Épreuve sur Chine.

366. Trente-huit gravures sur bois, d'après ses dessins, dont la suite complète des Mois.

JACQUEMART (Jules).

367. Courriers, pays des Ouled-Nayls, d'après E. Fromentin. — Marines, d'après Van Goyen. — Epées et meubles.

Six eaux-fortes avant la lettre, dont trois sur Japon.

368. L'Ecureuil et la Mouche. — Une Génoise. — A Fécamp. — Souvenirs de voyage, etc.

Douze eaux-fortes, dont deux doubles.

369. Henri II (bronze). — Trépied de Gouthière. — Sir Richard Wallace. — Le Soldat et la Fille qui rit. — Reliures anciennes, etc.

Vingt et une eaux-fortes, d'après Fyt, Goya, Baudry, Meer, Fromentin.

JACQUET (Jules).

370. Galatée, d'après Diaz (22) (1).

Estampe gravée au burin. Épreuve sur Chine.

KŒPPING (Karl).

371. Froufrou, d'après Georges Clairin (17) (1).

Eau-forte. Épreuve du 1er état, retouchée au crayon noir.

372. Froufrou, d'après Georges Clairin (17).

Eau-forte. Épreuve du 4e état, non entièrement terminée, sur Japon, avec les mots : *In progress*..., au crayon.

373. Froufrou, d'après Georges Clairin (17).

Eau-forte. Épreuve du 5e état avant la lettre, sur parchemin, avec les mots : *In progress*..., au crayon.

(1) Béraldi.

374. Le Christ en croix, d'après Munkacsy, 1887 (25).

Eau-forte. Épreuve, avant la lettre, sur Japon, signée du peintre et du graveur.

375. Tête de vieillard, d'après Rembrandt.

Eau-forte. Épreuve sur Japon, signée.
Cette épreuve est cassée dans le milieu du sujet.

KRATKÉ (Charles-Louis).

376. La Mare, d'après Théodore Rousseau (6) (1).

Eau-forte. Épreuve d'artiste sur Japon, avec les mots : *In progress...*

377. La Mare, d'après Théodore Rousseau (6).

Eau-forte. Épreuve avant toute lettre, sur parchemin, avec les mots : *In progress...*, au crayon.

378. Le Pêcheur, d'après Théodore Rousseau (7).

Eau-forte. Épreuve avant toute lettre, sur parchemin, avec les mots : *In progress...*, au crayon.

379. La Baratteuse, d'après J.-F. Millet (16).

Eau-forte. Épreuve avant la lettre, avec la remarque, sur parchemin, avec les mots : *In progress...*, au crayon.

380. La Baratteuse, d'après J.-F. Millet (16).

Eau-forte signée. Épreuve avant la lettre, sur Japon, avec les mots : *In progress...*, au crayon.

381. La Fin de la journée, d'après Jules Breton.

Eau-forte. Épreuve avant la lettre, avec la remarque, sur parchemin.

382. La Fin de la journée, d'après Jules Breton.

Eau-forte. Épreuve du 3e état, avant la lettre, sur Japon, avec les mots : *In progress...*, au crayon.

(1) Béraldi.

383. Fileuse, d'après J.-F. Millet.

Eau-forte. Épreuve avant la lettre, avec la remarque, sur parchemin, avec les mots : *In progress...*, au crayon.

384. La Fileuse, d'après J.-F. Millet.

Eau-forte. Épreuve du 2e état, avant la lettre, sur Japon, signée.

385. Le Bain de Diane, d'après Corot.

Eau-forte sur Japon. Épreuve du 2e état, non terminée, avec les mots : *In progress...*, au crayon.

386. Le Bain de Diane.

Eau-forte sur Japon. Épreuve avant la lettre, avec les mots : *In progress...*, signée.

387. Le Bain de Diane.

Eau-forte sur Japon. Épreuve avant la lettre, avec les mots : *In progress...*, au crayon.

388. Paysage.

Eau-forte sur Japon. Épreuve avant la lettre, avec la remarque signée.

LAGUILLERMIE

389. La Vierge au baiser, d'après Hébert.

Eau-forte. Épreuve avant la lettre sur Japon, mais avec les mots : *In progress...*

390. La Joconde, d'après Léonard de Vinci.

Eau-forte. Épreuve du 3e état non terminée, sur Japon, avec les mots : *In progress...*, au crayon.

LAMBERT (Eugène).

391. Les Chats.

Trois eaux-fortes. Épreuves avant toute lettre, signées.

LAMI (Eugène).

392. L'Hiver à Paris, in-4, obl.

Six pièces gravées sur acier par J.-B. Allen, Stocks, Staines, Heath, etc. Epreuves avant la lettre, sur Chine.

LAURENS (Jean-Paul).

393. Victoire Tranchart (3) (1).

Eau-forte. Épreuve avant la lettre.

LAURENS (Jules).

394. Album de la galerie Bruyas (Musée de Montpellier). *Paris, Peyrol*, 1875.

Suite de trente lithographies d'après Eug. Delacroix, Diaz, Corot, Millet, etc. Epreuves sur Chine.

LECOUTEUX (Lionel).

394 *bis*. Portrait de Marie de Médicis, d'après Rubens.

Eau-forte. Épreuve du 4e état, avant la lettre, sur Japon, avec les mots : *In progress*...

395. Portrait de la comtesse d'Oxford, d'après Ant. van Dyck.

Eau-forte. Épreuve d'essai du 3e état, sur Japon, avec les mots : *In progress*...

396. Portrait de la comtesse d'Oxford, d'après Antoine van Dyck.

Eau-forte. Épreuve avant la lettre, sur parchemin, avec les mots : *In progress*..., au crayon.

397. La Barque de Don Juan, d'après Eugène Delacroix.

Eau-forte. Épreuve du 3e état, avant la lettre, mais avec les mots : *In progress*..., signée.

(1) Béraldi.

398. Le Fauconnier, d'après Eugène Fromentin.

Eau-forte. Épreuve du 1er état, au trait.

399. Pendant le prêche.

Eau-forte. Épreuve d'essai, non terminée, avec des essais de pointe dans la marge.

Il n'a été tiré que 200 exemplaires de cette planche, qui a été aussitôt détruite.

LEFORT (Henri).

400. Le Printemps, d'après Alfred Stevens, 1884.

Eau-forte. Épreuve avant la lettre, sur Japon, signée.

401. L'Automne, d'après Alfred Stevens, 1883.

Eau-forte. Épreuve du 1er état, non terminée.

402. First grief, d'après Tofano.

Eau-forte. Épreuve du 3e état avant la lettre, sur Japon.

403. Farewell, d'après Alfred Stevens.

Eau-forte. Épreuve du 2e état sur Japon, avec les mots : *In progress...*

LEGROS (Alphonse).

404. Portrait du Cardinal Manning.

Eau-forte. Épreuve sur papier ancien.

405. Portrait du cardinal Manning.

Eau-forte. Portrait différent du précédent.

406. Portrait d'homme.

Eau-forte.

407. Job sur le fumier.

Eau-forte. Épreuve sur papier ancien.

408. Le Gros arbre.

Eau-forte. Épreuve sur Japon.

LELOIR (Louis).

409. Un raffiné (2) (1).

Eau-forte. Épreuve avant la lettre, sur Japon.

LEMAIRE (Madeleine).

410. Deux eaux-fortes, par Eug. Abot, dont une pour Victor Hugo. — Madame Jeanne Hading. — Sujets de genre. — Six héliogravures signées de l'artiste.

Ensemble, huit pièces.

411. L'Abbé Constantin, illustré.

Suite de trente photogravures. Épreuves avant la lettre.

412. Femmes d'autrefois.

Fac-similé d'aquarelle. Épreuve d'artiste, imprimée en couleurs, avant la lettre, signée.

LEPÈRE (Auguste).

413. Réception officielle sous l'Empire, d'après H. Baron. 1890.

Bois. Épreuve d'artiste, avec la remarque, signée du graveur et avec dédicace de H. Béraldi au Dr J. Michel.

414. La Vallée de Franchard. — Le Clovis. — Plateau de Bellecroix. — Rue des Barres.

Trois gravures sur bois. Epreuves d'artiste sur Chine volant, signées du graveur.

(1) Béraldi.

LEPIC (Vicomte).

415. Figures, paysages de Hollande, animaux, etc.

Soixante-deux eaux-fortes, la plupart en épreuves d'artiste, plusieurs à l'état d'essai ou avant la lettre et signées.

« Les croquis hollandais » portent sur le titre une dédicace au Dr Michel.

LHERMITTE (Léon).

416. Epicerie de village, eau-forte. — Sujets villageois, d'après ses dessins, tirés du *Monde illustré* et de la *Vie moderne.*

Treize pièces.

LOS RIOS (Ricardo de).

417. Portrait d'Alexandre Dumas fils, d'après Eug. Giraud.

Eau-forte. Deux épreuves sur Japon, dont une signée.

MANET (Edouard).

418. Les Gitanos (4) (1).

Eau-forte.

419. La Femme à la mantille (12).

Eau-forte pour sonnets et eaux-fortes.

MATHEY-DORET (Armand).

420. Charles Ier, d'après Ant. van Dyck.

Eau-forte. Épreuve avant la lettre, avec la remarque, sur Japon.

(1) Béraldi.

421. Les Enfants de Charles Ier, daprès Ant. van Dyck.

Eau-forte. Épreuve avant la lettre, sur parchemin, avec les mots : *In progress...*, au crayon.

422. Les Enfants de Charles Ier, d'après Ant. van Dyck.

Eau-forte. Épreuve avant la lettre, sur Japon, avec les mots : *In progress...*, au crayon.

423. Entrée de Charles-Quint, d'après F. Roybet, 1890.

Eau-forte. Épreuve non terminée, sur Japon.

424. Portrait de Rubens, d'après lui-même, 1890.

Eau-forte. Épreuve avant la lettre, avec la remarque, sur Japon.

425. La Jeune fille aux cerises, d'après Reynolds, 1886.

Eau-forte. Épreuve d'artiste avant toute lettre, avec la remarque, tirée sur parchemin et signée.

426. Le Chien au canard, d'après Troyon, 1888.

Eau-forte. Épreuve avant la lettre, avec la remarque, sur parchemin et avec les mots : *In progress...*, au crayon.

427. Le Chien au canard, d'après Troyon, 1888.

Eau-forte. Épreuve avant la lettre, sur Japon, avec les mots : *In progress...*, au crayon.

428. L'Alchimiste, d'après V. Brozik, 1883.

Eau-forte. Épreuve avant la lettre, sur Japon, signée.

429. Le Héros de village, d'après Munkacsy, 1885.

Eau-forte. Épreuve avant la lettre, avec la remarque, sur Japon, signée.

430. Vignette pour le Boileau, *Librairie Hachette*.

Eau-forte. Épreuve sur Japon, avant toute lettre, signée.

MEISSONIER (Ernest).

431. Le Grand fumeur (13) (1).

Eau-forte, 1843. Publiée dans le *Cabinet de l'amateur*.

432. Les Reîtres (15).

Eau-forte. Épreuve sur papier de Chine.

433. Monsieur Polichinelle (18).

Eau-forte sur gélatine. Épreuve sur grand papier.

434. Monsieur Polichinelle (18).

Eau-forte sur gélatine. Épreuve de la *Gazette des Beaux-Arts*.

435. Les Pêcheurs à la ligne (20).

Eau-forte. Contre-épreuve sur Japon. Unique.

436. 1814.

Eau-forte, par Charles Courtry, 1890. Épreuve avant la lettre, sur Japon.

437. Deux sujets des *Contes Rémois*.

Eaux-fortes, par Delduc. Épreuves d'auteur avec dédicace à G. Doré.

438. Deux lansquenets.

Eau-forte, par Léopold Flameng. Épreuve avant la lettre, sur Japon.

439. La Halte.

Eau-forte, par Léop. Flameng. Épreuve sur Chine.

440. Le Liseur.

Eau-forte, par Léopold Flameng. Épreuve avant la lettre, sur Japon.

(1) Béraldi.

441. The studient.

Burin, gravé par E. Gervais, publié à Londres par *Virtue*

442. Le Peintre (14).

Eau-forte, par Géry-Bichard. Épreuve avant la lettre, sur Japon.

443. Le Sergent recruteur. — L'Amateur d'estampes.

Deux eaux-fortes, par Ed. Hédouin et J. Jacquemart.

444. Le Liseur.

Eau forte, par Jules Jacquemart. Épreuve avant la lettre, avec les signatures du peintre et du graveur.

445. Le défilé de Nancy (312).

Eau-forte, par Jules Jacquemart. Épreuve avant la lettre.

446. 1814.

Burin, par Jules Jacquet. Épreuve avant la lettre, sur Chine.

447. 1814.

Burin, par Jules Jacquet. Contre-épreuve avant la lettre.

448. La Reconnaissance (53).

Eau-forte, par Ad. Lalauze. Épreuve avant la lettre.

449. Joueurs de boules à Antibes (54).

Eau-forte, par Lalauze. Épreuve avant la lettre.

450. Une Halte.

Deux eaux-fortes, par Lalauze et Jasinski.

451. Le Liseur debout.

Épreuve unique de la première eau-forte de madame Mad. Lemaire.

452. La Halte (13).

Eau-forte, par Le Rat, 1883. Épreuve non terminée, avec l remarque, sur Japon.

453. La Halte, 1883 (13).

Eau-forte, par Le Rat, 1883. Épreuve avant la lettre.

454. Le Philosophe.

Eau-forte, par Le Rat. Épreuve du 2e état, sur Japon.

455. Le Philosophe.

Eau-forte, par Le Rat. Épreuve du 3e état, sur Japon, signée.

456. Le Philosophe.

Eau-forte, par Le Rat. Épreuve du 4e état, avant la lettre, sur Japon, signée.

457. L'Homme à la fenêtre.

Eau-forte, par Le Rat, 1885. Épreuve avant la lettre, sur Japon.

458. Soldat sous Louis XIII. — Joueur de guitare. — Vedette. — Les Joueurs de cartes.

Quatre eaux-fortes, par P. Le Rat, dont deux avant la lettre et signées du graveur.

459. La Chanson.

Eau-forte, par Augustin Mongin. Épreuve non terminée, sur Japon.

460. La Chanson.

Eau-forte, par Aug. Mongin. Épreuve avant la lettre, sur Japon.

461. Hallebardier.

Eau-forte, par Aug. Mongin, 1890. Épreuve d'essai avant la lettre, sur Japon.

462. La lecture chez Diderot.

Eau-forte, par Monziès. Épreuve avant la lettre, sur Japon.

463. Polichinelle à la Rose.

Eau-forte, par Monziès. Épreuve du 1er état, sur Japon, tiré à quelques exemplaires.

464. Polichinelle à la Rose.

Eau-forte, par Monziès. Épreuve sur satin.

465. Joueur de guitare. — Jeune homme jouant de la basse.

Lithographies, par A. Mouilleron. Quatre pièces, dont deux doubles en état différent.

466. Hallebardier.

Lithographie, par Célestin Nanteuil. Épreuve sur Chine.

467. Le Liseur.

Lithographie, par Célestin Nanteuil, pour les *Artistes anciens et modernes*. Epreuve sur Chine.

468. Le Graveur à l'eau-forte (portrait de Meissonier fils).

Eau-forte, par Rajon. Épreuve du 2e état, avant toutes lettres, sur Chine.

469. Le Graveur à l'eau-forte.

Eau-forte, par Rajon. Épreuve du 3e état, avec le nom du graveur, à la pointe.

470. Monsieur Polichinelle.

Eau-forte, par Rajon. Épreuve avant la lettre.

471. Causerie. — Les Lansquenets, 1855.

Deux lithographies par Alf. Robaut et Ach. Sirouy. Épreuves sur Chine.

472. Les Amateurs de peinture.

Eau-forte, par Henri Vion. Épreuve avant la lettre.

473. La Chanson.

Eau-forte, par H. Vion. 1887. Épreuve avec la remarque et avant la lettre, sur Japon. Signée.

474. La Chanson.

Eau-forte, par Henri Vion. 1887. Épreuve avant la lettre, sur Japon.

475. La Confidence.

Eau-forte, par Henri Vion. Épreuve avant la lettre, sur Japon.

476. Hommes d'armes. — Le Docteur. — Joueur de basse, etc.

Huit eaux-fortes et lithographies, par Caron, Desclaux, Mouilleron, Pigeot et autres.

477. Vingt-six pièces pour les *Contes Rémois*.

Épreuves avec le texte au verso.

478. Quarante gravures sur bois d'après ses œuvres, biographies, etc.

479. Cent sept photographies d'après ses œuvres.

480. Portraits de l'artiste.

Trois pièces gravées ou lithographiées, par Regnault, Massard et Chartran.

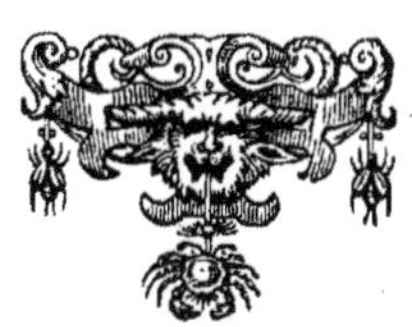

MENUS-PROGRAMMES

481. Eaux-fortes et héliogravures pour menus, programmes de fêtes, etc., par A. Fouquier, G. Clairin, etc.

Douze pièces.

482. Eaux-fortes et héliogravures pour menus, programmes de fêtes, etc..., par Dubufe, Vanin, Tattegrain, etc...

Vingt-cinq pièces.

MICHELIN (Jules).

483. Paysages, 1861-1863.

Trois eaux-fortes sur Chine.

MILLET (Jean-François).

484. Jeune bergère.

Fac-similé d'un dessin de la collection de Mademoiselle Sensier. Epreuve sur Chine.

MILIUS (F.)

485. A la fontaine, d'après Jules Breton.

Eau-forte. Épreuve du 1er état, non terminée, sur Japon, avec les mots : *In progress*...

486. A la fontaine, d'après Jules Breton.

Eau-forte. Épreuve avant la lettre, avec la remarque, sur parchemin. Signée.

487. A la fontaine, d'après Jules Breton.

Eau-forte. Épreuve avant la lettre sur Japon, avec les mots *In progress*...

488. L'embarras du choix, d'après F. Roybet,

Eau-forte. Épreuve non terminée sur Japon, avec les mots : *In progress*...

489. L'embarras du choix, d'après F. Roybet.

Eau-forte. Épreuve avant la lettre sur Japon, avec les mots : *In progress*...

490. Vedette arabe, d'après Schreyer.

Eau-forte, sur Japon. Épreuve du 1er état, non terminée, avec les mots : *In progress*..., au crayon.

491. Vedette arabe, d'après Schreyer, 1890.

Eau-forte. Épreuve du 2e état, non terminée, avec les mots : *In progress*..., au crayon.

492. Vedette arabe, d'après Schreyer, 1890.

Eau-forte. Épreuve avant la lettre, avec remarque, sur Japon.

493. Coquetterie, d'après R. Madrazo.

Eau-forte. Épreuve avec la remarque, sur parchemin, et les mots : *In progress*..., au crayon.

494. Mercure. — Bacchante. — Jeune athlète, d'après des bronzes de la coll. Thiers. Epreuves d'artiste sur Japon (ces eaux-fortes n'ont pas été publiées). — Conventionnel, épreuve avant la lettre. — Fin d'octobre, d'après Duez. — Arabes dans leur camp, H. Vernet.

Six eaux-fortes.

MONGIN (Augustin).

495. Le Postillon, d'après Meissonier.

Eau-forte. Épreuve du 1er état, au trait. Planche abandonnée et détruite après deux ou trois états.

MONNIER (Henry).

496. L'Assemblée de créanciers. — Un propriétaire. — Vive la bamboche, etc.

Sept pièces.

497. Les Français peints par eux-mêmes.

Quatorze pièces gravées sur bois. Épreuves sur Chine volant avant la lettre.

MOUILLERON (Adolphe).

498. Sujets de genre et d'histoire. — Portraits. — Paysages.

Trente lithographies, dont plusieurs avant la lettre, sur Chine.

499. Titres de romances.

Dix-huit lithographies, la plupart avant la lettre, sur Chine.

MUNKACSY (Michel).

500. Vingt héliogravures d'après ses œuvres.

NANTEUIL (Célestin).

501. Affiche pour don César de Bazan.

Lithographie. Épreuve avant la lettre, sur Chine, avec dédicace de Jules Massenet.

502. Titres de romances, lithographies diverses, quelques-unes sur Chine.

Soixante-dix-huit pièces.

503. Titres de romances sur Chine, lithographies de l'*Artiste*, etc.

Soixante-dix-sept pièces.

NEUVILLE (Alphonse de).

504. L'Histoire de France... racontée à mes petits-enfants, par Guizot. *Paris*, *Hachette*, 1872.

Trois cent trente-quatre fumés et tirages à part sur Chine, montés sur papier fort.

505. Doubles du précédent.

Trente et une pièces.

506. Croquis militaires. *Paris*, *Goupil*, *s. d.*

Vingt photogravures dans une couverture cartonnée.

507. Costumes et sujets militaires.

Cinquante-huit gravures sur bois, montées sur papier fort.

NEUVILLE (Alph. de) et DETAILLE (Éd.).

508. Panorama de Champigny.

Huit photogravures dans leur couverture de publication. Les épreuves sont signées des deux artistes.

PHOTOGRAPHIES

509. Cinquante-sept épreuves d'après nature ou d'après Éd. de Beaumont, Rosa Bonheur, Corot, Gros, Suvée, etc.

510. Un déjeuner offert par Déjazet à son ami Victorien Sardou. Avec dédicace de Déjazet à sa nièce. 1862.

PONCE (Nicolas).

511. L'Enlèvement nocturne, d'après Baudouin.

Burin. Belle épreuve.

PORTRAITS ANCIENS

512. Corneille, Crébillon, Gessner, Jouvenet, Louis XVI, etc., etc.

Onze pièces gravées par Dossier, Savart, Saint-Aubin, Trouvain.

PORTRAITS MODERNES

513. Victor Hugo, mademoiselle Guimard, Mérimée, Madeleine Brohan, etc.

Trente-cinq pièces gravées ou lithographiées.

QUENEDEY

514. Portrait de mademoiselle Lange, de la Comédie-Française.

Eau-forte, in-18.

RAFFET (Auguste-Denis-Marie)

515. Eaux-fortes (1, 3, 5 et 8) (1).

Quatre pièces sur Chine.

516. Combat d'Oued-Alleg, 1840 (82).

Epreuve sur Chine, du 3e état, *non décrit* avec *rue du Bac* au lieu de *rue Favart*.

517. Le Réveil, 1848 (85-3e état).

Epreuve sur Chine.

518. Titres de romances (103, 104, 105, 107, 108, 113 et 115).

Huit pièces, dont une double, sur papier de Chine.

519. Napoléon Ier (122). Réduction de l'affiche pour Norvins.

Rare épreuve du 1er état.

(1) Raffet, son œuvre lithographique, par Giacomelli. *Paris*, 1862.

520. Épisode de la campagne de Russie, d'après Charlet (147). — Etat-major (150). — On lui prend... (222). — Artilleur (492).

Six lithographies, dont deux doubles.

521. Infanterie polonaise marchant à l'ennemi (161).

Epreuve de 1er tirage.

522. Feuilles de croquis (297, 299, 300, 308, 311, 316, 317, 321, 322 et 323).

Dix pièces.

523. Waterloo (329).

Lithographie. Epreuve de 1er tirage.

524. Treize lithographies tirées d'Albums (334, 341, 347, 349, 350, 352, 357, 360, 366, 369, 381, 385 et 387).

525. Dernière charge des lanciers rouges, à Waterloo (388).

Lithographie. Epreuve de 1er tirage.

526. Albums de 1835 et 1836 (391, 393, 396, 398, 403, 409, 410, 412, 413 et 414).

Dix lithographies, dont une couverture imp.

527. Retraite du bataillon sacré, à Waterloo.

Lithographie. Encadrée.

528. Titre d'Album, 1837 (417). Sans rancune (509, 2e état).

Deux lithographies, dont une sur Chine.

529. La Revue nocturne, 1836 (429).

Très belle épreuve sur Chine, rognée.

530. La Revue nocturne (429).

Double de la pièce précédente. Epreuve sur Chine.

531. Retraite de Constantine (538-541). *Paris, Gihaut frères.*

Suite de six pièces et une couverture imprimée.

532. Prise de Constantine (543-556).

Suite de douze pièces et une couverture imp. (manquent les pl. 11 et 12).

533. Expédition de Rome (557-593). *Paris, Gihaut frères.* 1849.

Suite de trente-six pièces. Epreuves sur Chine.

534. Lithographies tirées du Voyage en Crimée et autres.

Douze pièces, la plupart sur Chine.

535. Doubles des nos 349, 391, 396, 410, 426 et 542.

Six pièces.

536. Vignettes pour la *Révolution française* et l'*Histoire de Napoléon*, de Norvins.

Cent vingt pièces gravées en taille-douce et sur bois.

537. Vignettes gravées sur acier et sur bois, d'après ses dessins.

Trente-six pièces, la plupart sur Chine.

RAJON (Paul)

538. Portrait de Félix Bracquemond, d'après lui-même. — Portrait de femme, épreuve avant la lettre. — Sujet de genre, d'après Vibert, avant la lettre

Trois eaux-fortes.

RIBOT (Théodule).

539. Tête de vieillard. — Cuisiniers.

Cinq eaux-fortes.

ROPS (Félicien).

540. Satyre. — Très vieille. — Vieille Gouge. — Hamadryade. — La Colère. — Griserie flamande. — Laitière flamande. — Servante anversoise. — La Modernité. — Vendanges. — Porteuse de poissons. — Maturité. — La Mère Gand et le Fils Charles. — Art moderne. — Galerie d'Uylenspiegel.

Quatorze eaux-fortes et une lithographie.

ROUSSEAU (Théodore).

541. Paysages.

Six eaux-fortes, par Le Rat et Lefman, dont deux avant la lettre.

RUDAUX (Émile).

542. Vignettes et culs-de-lampe pour la *Petite Fadette*, par George Sand.

Eaux-fortes. Dix-sept pièces. Épreuves sur Japon avec les remarques.

SANZIO (Raffaelo).

543. Les Vierges de Raphaël. *Paris*, *Furne et Perrotin*, in-fol.

Suite de douze estampes gravées au burin par Pannier, Blanchard, Pelée, Lévy, etc. Épreuves sur Chine, avec notice explicative de chaque planche.

544. Les six heures du jour et les six heures de la nuit, 1806.

Suite de douze estampes gravées au burin par Croutelle, Mariage, Thomas, etc.

TATTEGRAIN (Francis).

545. Après boire. — Allégorie sur la mort. — Têtes de vieillards, 1876. — Sujet et Vue.

Six eaux-fortes. Épreuves d'artiste, dont trois sur Japon.

TOURNOUX

546. Le Bac, d'après Pierre Billet. — Campement arabe, d'après Eugène Fromentin.

Deux aquatintes. Epreuves avant toute lettre, sur Japon, avec les mots : *In progress...*, au crayon.

VERNET (Horace).

547. Croquis lithographiques. *Paris, imp. Delpech*, 1818, in-4 obl., dem.-rel., dos et coins mar. rouge, tr. dor.

Suite de douze pièces et un titre.

548. Sujets et Animaux, 1818, 1820.

Onze lithographies.

VILLOT (Frédéric).

549. Portrait de jeune fille.

Eau-forte.

VION (Henri).

550. Ophélie, d'après Alfred Stevens, 1888.

Eau-forte. Epreuve non terminée, sur Japon, avec les mots : *In progress...*, au crayon.

551. Ophélie, d'après Alfred Stevens, 1888.

Eau-forte. Epreuve avant la lettre, avec la remarque et les mots: *In progress...*, au crayon.

552. Harmony, d'après Eguzguiza.

Eau-forte. Epreuve avant la lettre, sur Japon, avec les mots: *In progress...*, au crayon.

553. Le Troupeau, d'après Rosa Bonheur, 1887.

Eau-forte. Epreuve du 3e état avant la lettre, sur Japon, avec les mots : *In progress...*, au crayon.

554. Le Troupeau, d'après Rosa Bonheur, 1887.

Eau-forte. Epreuve du 4e état avant la lettre, avec la remarque, sur Japon, et les mots : *In progress...*, au crayon.

WALTNER (Charles-Albert).

555. Le Doreur, d'après Rembrandt.

Eau-forte. Epreuve d'essai de publication.

556. Le Doreur, d'après Rembrandt.

Eau-forte. Contre-épreuve d'une épreuve avec la lettre.

557. L'Angélus, d'après J.-F. Millet.

Eau-forte. Epreuve de publication.

558. Salomé, d'après Henri Regnault.

Eau-forte. Epreuve du 2e état, non terminée, sur Japon, avec les mots: *In progress...*, au crayon.

ARTISTES DIVERS

GRAVURES, EAUX-FORTES, LITHOGRAPHIES

EN LOTS

---

559. Cinquante-trois pièces. Eaux-fortes par Ribot, Legros, Hewier, Michelin, Feyen-Perrin, Lalanne, etc., de la *Société de l'Illustration nouvelle. Cadart.*

560. Vingt-trois pièces. Estampes anciennes et vignettes par ou d'après Goya, Duplessis-Bertaux, Prud'hon, etc.

561. Dix-sept pièces. Fac-similé d'après Rembrandt, Fortuny, Gill, Bellangé, Bayard et autres.

562. Vingt-quatre pièces. Fumés, lithographies, etc.

563. Cinquante pièces, la plupart sur Chine. Lithographies par et d'après Isabey, Français, Nanteuil, Bonnington, Mouilleron, etc.

564. Cinquante-cinq eaux-fortes, dont plusieurs sur Chine. Paysages par ou d'après Allain, Vernier, Greux, Dupré, Marvy, Veyrassat, Pils, Malardot, etc.

565. Cinquante-cinq eaux-fortes, dont plusieurs sur Chine, avant la lettre. Portraits et sujets par et d'après B. Constant, Flameng, Unger, Mongin, Boilvin, Laguillermie, etc.

566. Onze eaux-fortes. Épreuves sur Japon, dont sept avant la lettre. Portraits, sujets et paysages par E. Boilvin, Champollion, Masson, etc.

567. Environ cent gravures sur bois, la plupart en tirage à part sur Chine et fumés. Sujets et paysages.

568. Soixante dessins, eaux-fortes et bois, dont plusieurs sur Chine. Sujets divers et paysages.

569. Environ cent cinquante lithographies, bois et héliogravures. Sujets divers et paysages.

570. Quarante et une eaux-fortes, dont plusieurs avant la lettre. Sujets et paysages par T. Buhot, Chifflart, Bracquemond, Edwards, Daubigny, Bodmer, etc.

571. Environ huit cents gravures sur bois, montées sur papier fort. Sujets divers. — Vues. — Portraits, etc.

572. Environ quatre cents pièces. Journaux illustrés, Figaro-Salon, etc.

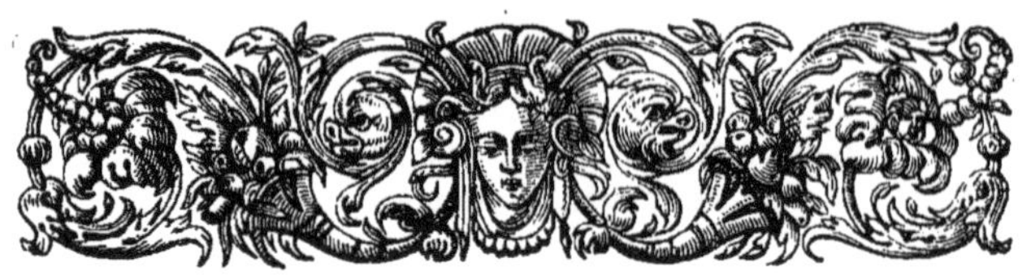

DESSINS, AQUARELLES

ALOPHE (Menut).

573. Portrait du docteur Orfila.

Dessin à la mine de plomb, daté de *Cauterets*, juillet 1833.

ANONYMES

574. Religieux. — Figure de vieillard.

Deux dessins anciens à la sépia et à la sanguine.

575. Études de femmes. — Sujet de bataille.

Trois dessins, dont deux au crayon noir et un à la plume.

BARIC, NIELD, MOLTY, etc.

576. Sept dessins à la mine de plomb, à la plume et à l'aquarelle, dont un portrait de Napoléon Ier.

BEAUMONT (Édouard de).

577. Contes de Boccace (Mazet. Le Diable de Papefiguière, etc.).

Sept dessins à la mine de plomb.

578. Sujets d'éventails.

Onze dessins et croquis à la mine de plomb.

579. Sujets pour éventails et écrans, armures, etc.

Quinze dessins à la mine de plomb.

580. Sujets gracieux.

Treize dessins à la mine de plomb, dont quatre rehaussés d'aquarelle.

581. Sujets gracieux.

Vingt dessins et croquis à la mine de plomb.

582. Sujets de genre.

Vingt dessins et croquis à la mine de plomb.

583. Sujets d'enfants.

Neuf dessins à la mine de plomb.

584. Sujets d'enfants.

Dix-neuf dessins et croquis à la mine de plomb.

585. Sujets divers.

Dix dessins et croquis à la mine de plomb.

586. Dessins à la plume pour une illustration.

Quatre-vingts pièces.

BONVIN (François).

587. La Priseuse.

Beau dessin au fusain, signé et daté 1861. Encadré.

BOUDIN

588. Sur la Plage.

Pastel signé. Encadré.

BOULANGER (Gustave).

589. Étude d'une figure de femme.

Dessin à la mine de plomb.

BOURGOIN

590. Étude de jeune femme.—Vieille Paysanne revenant des champs.

Deux dessins à la plume et à la mine de plomb.

591. Vue prise sur le plateau de Belle-Croix (Forêt de Fontainebleau).

Aquarelle signée.

BROWN (John-Lewis).

592. Trompette de chevau-légers.

Aquarelle signée. Encadrée.

BROZIK

593. Onze figures. Études pour son tableau.

Dessin à la mine de plomb.

CARAN d'ACHE

594. Le Jeu. — Les Suites du Jeu.

Deux dessins à la plume sur une même feuille.

CARPEAUX

595. Le Tasse en prison.

Dessin au fusain. Au verso, étude de tête pour le même sujet. Encadré.

CHANTAL (Louis).

596. Tête de jeune femme, 1852.
Aquarelle.

CHARLET (Nicolas-Toussaint).

597. Le Vieux Grenadier.
Dessin à la sépia, signé et daté 1841. Encadré.

DAUBIGNY (C. F.).

598. Plage par un effet de lune.
Fusain signé. Encadré.

DAUMIER (Honoré).

599. Caricature sur la chasse.
Dessin avec dédicace, exécuté à l'encre de Chine.

DELACROIX (Eugène).

600. Un Collègue.
Croquis à la plume.

601. Etudes de pattes de tigres et de lions.
Deux dessins à la mine de plomb, sur papier végétal.

DETAILLE (Edouard).

602. Programme du Cercle de l'Union artistique.
Dessin aquarelle, signé et daté mai 1877.

606. En-tête de chapitre pour l'histoire de l'*Armée française.*

Dessin à la plume et à l'encre de Chine, signé et daté 1880.

DEVÉRIA

607. Chevaux conduits à la fourrière.

Dessin au lavis.

DORÉ (Gustave).

---

608. Adam et Ève après le péché.
Deux dessins au crayon noir.

609. Samson faisant écrouler le temple des Philistins.
Dessin à la plume et au lavis rehaussé d'aquarelle.

610. Mort de Sardanapale.
Dessin à la mine de plomb, rehaussé de lavis.

611. La Prédiction du Christ.
Dessin à l'encre de Chine, légèrement relevé d'aquarelle.

612. Le Christ au Jardin des Oliviers.
Dessin à l'encre de Chine.

613. Jésus conduit chez Pilate.
Aquarelle signée.

614. Le Christ à la colonne.
Dessin à la plume, avec lavis d'encre de Chine.

615. Le Christ flagellé.
Dessin au crayon noir.

616. Le Christ arrivant sur le Calvaire.

Dessin sur fond brun, relevé de blanc.

617. Le Christ arrivé au Calvaire.

Dessin sur fond brun, relevé de blanc.

618. Le Christ dépouillé de ses vêtements.

Dessin à l'encre de Chine, rehaussé. Signé.

619. Le Christ dépouillé de ses vêtements.

Dessin à l'encre de Chine, rehaussé. Variante de la composition précédente.

620. Le Christ dépouillé de ses vêtements.

Dessin à l'encre de Chine, rehaussé de lavis.

621. L'Érection de la Croix.

Dessin à la mine de plomb, rehaussé à la plume.

622. Le Christ en croix.

Dessin à la mine de plomb.

623. La résurrection du Christ.

Dessin au crayon noir.

624. Scènes de la Bible.

Deux dessins à la mine de plomb et à l'encre de Chine.

625. Tête de Christ.

Deux dessins à la mine de plomb, dont un signé et daté 1846.

626. Le Christ. — La Prière.

Trois dessins à la plume et à la mine de plomb.

627. L'Enlèvement des Sabines.

Dessin relevé d'aquarelle.

628. Les Enrôlements volontaires en 1792.

Dessin au lavis, signé. Encadré.

629. Le Peintre. — Croquis. — Paysages. — Études d'arbres.

Neuf aquarelles.

630. Soldats russes se rendant. Episode des guerres du 1er Empire.

Dessin à la mine de plomb, rehaussé à l'encre de Chine.

631. Attaque d'une barricade (juin 1848).

Dessin au crayon noir, signé et daté.

632. Corps de garde de la Garde nationale (juin 1848).

Dessin au crayon noir.

633. Épisode de la guerre de Crimée.

Dessin au crayon noir.

634. Convoi de blessés traversant les Alpes (Guerre d'Italie).

Dessin au crayon noir.

635. La Défense de la République.

Dessin à la plume, relevé de gouache, signé et daté 1870. Encadré.

636. Compositions pour les Croisades.

Deux dessins à la mine de plomb.

637. Scènes pour les Œuvres de Rabelais.

Deux dessins au crayon noir.

638. Scène de l'Enfer du Dante.

Dessin à l'encre de Chine, rehaussé de blanc. Signé.

639. Scènes de l'Enfer du Dante.

Trois dessins.

640. Scène de l'Enfer du Dante.

Dessin sur fond brun, relevé de blanc.

641. Macbeth. Les Trois Sorcières,

Grande aquarelle.

642. Les Sorcières de Macbeth, pour une illustration projetée du Théâtre de Shakespeare.

Dessin à l'encre de Chine, relevé de gouache. Encadré (a été gravé).

643. Composition pour les Trois Sorcières de Macbeth.

Dessin à la plume et au lavis d'encre de Chine. Signé.

644. Scènes de Mesure pour Mesure.

Trois dessins à la mine de plomb.

645. Notre-Dame de Paris. La mort de Claude Frollo.

Dessin au crayon noir.

646. Le Paradis perdu, de Milton.

Dessin à la mine de plomb.

647. Paul et Virginie traversant une rivière.

Dessin au crayon noir.

648. Sujets pour le Roland furieux.

Deux dessins, dont un signé.

649. L'Arioste. — La légende du Vieux Marin, etc.

Six croquis à la plume et à la mine de plomb.

650. Compositions pour le Théâtre de Shakespeare.

Deux dessins au crayon noir.

651. Compositions pour le Théâtre de Shakespeare.

Deux dessins à la mine de plomb.

652. Compositions pour le Théâtre de Shakespeare.

Quatre dessins à la mine de plomb.

653. Compositions pour le Théâtre de Shakespeare.

Deux dessins à la mine de plomb.

654. Compositions pour le Théâtre de Shakespeare.

Deux dessins à la mine de plomb.

655. Scènes pour le Voyage en Espagne.

Trois dessins à la mine de plomb.

656. Scènes pour les Français à Londres.

Sept pièces, dont quatre dessins et trois photographies retouchées par l'artiste.

657. Rossini sur son lit de mort.

Deux croquis faits par Doré dans la chambre mortuaire.

658. Première idée du monument d'Alexandre Dumas. — Alexandre Dumas.

Deux dessins à la mine de plomb.

659. Henri Hertz se nourrissant d'accords. — Charles de Grippe, etc.

Quatre dessins au crayon noir et à la mine de plomb.

660. Tête de jeune femme, 1848.

Dessin au crayon noir, signé des initiales G. D. et daté octobre 1848.

661. Portraits de jeunes femmes.

Quatre dessins à la mine de plomb.

662. Portraits de femmes.

Quatre dessins au crayon noir.

663. Tête de femme, vue de profil.

Dessin à l'encre de Chine.

664. L'Immortalité terrassant la Mort.

Dessin à la plume.

665. L'Amour terrassé.

Dessin à la plume pour l'*Arioste*.

666. Les Moines musiciens. — Les Moines artistes.

Deux dessins au crayon noir.

667. Pèlerin au tombeau du Christ. Composition allégorique.

Dessin à l'encre de Chine.

668. La Défense de la République.

Croquis, rehaussé de lavis d'encre de Chine.

669. Après la Bataille.

Dessin à l'encre de Chine, rehaussé d'aquarelle.

670. Sujet allégorique, 1848.

Dessin au crayon noir, signé et daté.

671. Scènes fantastiques.

Deux dessins au crayon noir.

672. Caricature contre Louis Bonaparte.

Dessin au crayon noir.

673. Mobile au berceau de son enfant.

Dessin à la mine de plomb.

674. Enfant du peuple (juin 1848).

Dessin au crayon noir.

675. Légitimiste et Jacobin.

Deux dessins humoristiques, au crayon noir.

676. L'Improvisateur.

Dessin au crayon noir.

677. Le Violoniste inspiré.

Dessin au crayon noir.

678. Une séance à la Chambre des Députés.

Dessin humoristique à la mine de plomb.

679. Un Hercule du Nord.

Dessin à la plume, signé (1849).

680. Laboratoire, manipulations chimiques.

Dessin humoristique, contenant un grand nombre de sujets. Encadré.

681. Sujets humoristiques.

Trois dessins à la plume et à la mine de plomb.

682. Le Moine et la Mouche.

Aquarelle, signée. Encadrée.

683. Figures humoristiques de prêtres.

Dessin au crayon noir.

684. Projet d'éventail.

Dessin à la mine de plomb, signé.

685. Voleurs écossais.

Dessin au crayon noir.

686. Ecossais attaqués par une bande de brigands.

Dessin au crayon noir.

687. Brigands italiens au guet, 1848.

Dessin au crayon noir, signé et daté.

688. Bivouac de brigands italiens.

Aquarelle signée et datée avril 1846.

689. L'Ecole de natation.

Dessin à la plume et à la mine de plomb, donnant l'aspect d'une lithographie. Signé.

690. L'Ecole de natation. Croquis de baigneurs.

Trois dessins à la mine de plomb.

691. La Grand'mère. Etude pour son eau-forte (n° 23 de l'œuvre).

Deux dessins à la mine de plomb, dont un signé.

692. La Jeune Mère. — Amour. — Gloire, etc.

Quatre dessins à la mine de plomb.

693. La Jeune Cabaretière.

Dessin au crayon noir.

694. La Jeune Cabaretière. Même composition que le dessin précédent.

Dessin au crayon noir.

695. La Jeune Cabaretière.

Dessin inachevé de la même composition que les deux dessins précédents.

696. Alsacien.

Dessin au crayon noir.

697. Types de mendiants espagnols.

Dessin à la plume, rehaussé à l'encre de Chine.

698. Vieux Mendiant.

Dessin à la plume, lavé de bistre.

699. Types alsaciens.

Dessin au crayon noir.

700. Types divers.

Dessin au crayon noir.

701. Tête de femme. — Écuyère. — La Jeune Mère.

Trois dessins à la mine de plomb, dont un relevé d'aquarell .

702. Don Quichotte et Sancho Pança. — Suissesses. — Mendiant, etc.

Quatre dessins à la plume et à la mine de plomb.

703. Foire de Saverne; Juif, marchand de chevaux.

Dessin au crayon noir.

704. L'Alsace. — Les Arènes romaines. — Compositions allégoriques, etc.

Cinq dessins à la mine de plomb et au crayon noir

705. Trou d'Enfer (Bagnères de Luchon)

Aquarelle signée. Encadrée.

706. Une Cascade dans les Alpes.

Aquarelle signée. Encadrée.

707. Forêt de sapins dans les Alpes.

Aquarelle signée et datée 1876. Encadrée.

708. Vue prise dans la Via Mala, 1881.

Dessin à la plume, signé et daté.

709. Vue de Suisse.

Aquarelle, signée et datée 1876. Encadrée.

710. L'Arc-en-ciel.

Aquarelle, encadrée.

711. Paysage. Rivière bordée d'arbres et de rochers.

Aquarelle.

712. Bords de rivière, 1848.

Dessin à la mine de plomb, signé et daté.

713. Paysage. Effet de nuit.

Aquarelle.

714. Lisière de bois.

Etude peinte. Toile remontée sur carton.

715. Tour en ruines.

Deux études peintes sur papier, dont une signée et datée 1844.

716. Saule pleureur. — Ruines. — Etude d'arbre.

Trois dessins, dont un signé et daté 1847.

717. Étude d'arbre, 1847. — Étude de rochers.

Deux dessins, dont un relevé d'aquarelle.

718. Cerfs et Biches.

Dessin à la plume.

719. Perroquets et Perruches.

Aquarelle.

720. Études de crabes.

Deux dessins à la plume, relevés d'encre de Chine, dont un signé.

721. Album contenant vingt-quatre dessins (vers 1847) à la mine de plomb et à la plume.

722. Caricatures et scènes humoristiques.

Huit dessins au crayon noir et à la mine de plomb.

723. Croquis humoristiques sur les artistes.

Vingt-quatre dessins à la mine de plomb, avec légendes autographes.

724. Croquis humoristiques.

Trois dessins à la plume.

725. Croquis humoristiques. — Sujets divers.

Sept dessins, dont un signé.

726. Croquis divers.

Quatre dessins à la mine de plomb.

727. Croquis divers.

Cinq dessins à la mine de plomb.

728. Croquis divers.

Six dessins à la plume et à la mine de plomb, dont un daté de 1846.

729. Croquis divers.

Six dessins à la mine de plomb.

730. Croquis divers. — Portraits de femmes. — Sujets.

Sept dessins.

731. Croquis divers.

Sept dessins.

732. Croquis divers.

Huit dessins.

733. Croquis divers.

Dix dessins.

734. Croquis divers.

Quinze dessins à la plume.

735. Croquis divers.

Quinze dessins à la plume et à la mine de plomb.

736. Croquis divers.

Vingt dessins, dont plusieurs avec légendes autographes.

737. Le Christ ressuscitant la fille de Jaïre. — Sujets de Londres. — Dans les Pyrénées.

Sept dessins sur bois, dont deux seulement sont gravés.

738. Version latine.

Une page 1/2 autographe, 8 décembre 1847. Dessin à la plume.

DROST (attribué à).

739. Jeune homme tenant un drapeau.

Dessin à la mine de plomb, rehaussé d'encre de Chine.

FLAMENG (François).

740. Étude de deux figures pour la décoration de la Sorbonne, 1887.

Dessin au crayon noir.

741. Étude pour les *Festins ridicules de Boileau.*

Dessin à la plume, sur papier végétal.

742. Étude pour une illustration d'Alfred de Musset.

Dessin au crayon noir.

GAUTIER (Théophile).

743. La Création du premier homme. — Adam et Ève. — Création d'Eve. — Sujet antique. — Tête de femme.

Cinq petits dessins à la plume, d'une exécution précieuse.

744. Le Vieux de la Vieille. Pièce de vers. Autographe signé, illustré de deux dessins à la mine de plomb, par Alph. de Neuville, et dont un signé de ses initiales. in-4 obl.

GAILLARD (Claude-Ferdinand).

745. Croquis à la plume sur une feuille de papier à lettres.

GIACOMELLI (Hector).

746. Le Nid.

Dessin rehaussé de bistre et de gouache. Encadré.

747. Belette étranglant un Lapin. — Roses. — L'Incendie.

Trois dessins sur bois non gravés.

GIRAUD (Eugène).

748. Portrait de Garnier-Pagès.

Croquis à la plume.

HÉDOUIN (Edmond).

749. Figures de femmes et croquis divers.

Cinq dessins à la mine de plomb. On y a joint le portrait de l'artiste, par E. Boilvin.

750. Figures de femmes en costume Louis XV et autres.

Six dessins à la mine de plomb.

HEILBUTH (Ferdinand).

751. Persée délivrant Andromède, d'après le Puget, dessin à la plume et au lavis. — Etude de figures italiennes. Dessin au crayon noir.

INGRES (Jean-Dominique-Auguste).

752. La Vierge et l'Enfant Jésus, dessin au crayon noir, d'après Raphaël.

ISABEY (Jean-Baptiste).

753. Portrait du duc de Penthièvre.
Dessin au crayon noir, signé. Encadré.

754. Étude d'homme lisant. — Le Dessinateur.
Deux dessins à la plume, dont un lavé de bistre.

755. Études de personnage assis.
Deux dessins à la plume, lavés de bistre.

JACQUE (Charles-Émile).

756. Intérieur de bergerie.
Dessin à la mine de plomb, étude pour une de ses peintures

757. Troupeau de moutons. — Paysage.
Dessin à l'encre de Chine.

758. Intérieur d'étable. — Étude de femme. — Paysage.
Trois dessins, dont un est une photographie retouchée.

759. Un coin de basse-cour. — Le Retour du Marché.
Deux dessins à la mine de plomb.

JAPY

760. Paysages, 1881.
Trois dessins à la plume, dont deux rehaussés de sépia.

JOHANNOT (Tony).

761. Sujet fantastique.
Dessin à la sépia.

762. Fuite de Marie-Stuart.

Dessin à la sépia.

LANÇON (Auguste

763. Étude de lion.

Dessin à la plume.

LEPIC (comte).

764. Le Hibou, sujet allégorique.

Aquarelle. Encadrée.

LOIR (Luigi).

765. La Marée basse.

Dessin au crayon noir et à la plume.

LORRAIN (Claude Gelée dit le)

766. Site avec ruines.

Dessin au lavis.

MEISSONIER (Ernest).

767. Jambe de devant d'un cheval, d'après l'écorché.

Aquarelle.

768. Un Tambour infanterie de ligne.

Joli dessin à la mine de plomb.

769. Un Dragon couvert de son manteau, tenant de la main gauche son sabre.

Croquis à la mine de plomb.

770. Homme assis dans un fauteuil, tenant un livre ouvert, près de lui une table.

Croquis à la mine de plomb.

771. Hussard de la première République, dans la marge une femme assise.

Croquis à la mine de plomb.

772. Soldat tenant son fusil en l'air. — Un Zouave mort.

Deux dessins à la mine de plomb, dans un cadre.

773. Une Académie. — Etude d'après l'Antique. — Un Soldat.

Trois dessins à la mine de plomb, dans un cadre.

774. Deux costumes d'homme. Époque de la Renaissance.

Croquis à la mine de plomb, signés du monogramme, dans un cadre.

775. Deux paysages. Vues prises d'Antibes. — Deux Joueurs de boules.

Quatre dessins à la mine de plomb, dans un cadre.

776. Études pour le tableau : *Une Halte*.

Trois dessins à la mine de plomb, dans un cadre.

777. Un Tambour infanterie. — Un Cavalier sur sa monture. — Un Cheval qui se cabre.

Trois croquis à la mine de plomb, dans un cadre.

778. Un Jeune Homme, la tête coiffée d'un feutre, semble le retenir contre le vent qui agite ses vêtements.

Croquis à la mine de plomb.

779. Une Main appuyée sur un livre.

Dessin à la sépia, rehaussé de blanc.
Dans le coin à droite, écrit au crayon : *P. quelque chose à te raconter.*

780. Trois Cavaliers.

Croquis à la mine de plomb, pour le tableau 1807.

781. Croquis de tête. Études pour le tableau 1807.

Croquis à la mine de plomb, signé du monogramme.

782. Etude de cuirassier.

Dessin pour son tableau : 1807.

783. Étude de grenadier et d'un officier.

Dessin pour son tableau : 1807.

784. Solferino, soldats français morts sur le champ de bataille.

Croquis à la mine de plomb sur papier bleuté, rehaussé d'aquarelle.

785. Son Portrait par lui-même.

Croquis à la mine de plomb sur papier bleuté, signé du monogramme.

786. Étude de tête et paysage.

Dessin fait par Meissonier chez M. A. Dumas fils, à Marly-le-Roi, le mardi 16 décembre 1884.

787. Paysage. 1869.

Dessin à l'encre de Chine, sur papier bleu.

788. Chasseurs à cheval.

Aquarelle, rehaussée de gouache, signée du monogramme.

789. Étude de soldat Louis XVI, pour le *Portrait du Sergent*.

Dessin à la plume. Encadré.

MÉRY (E.).

790. Intérieur rustique.

Aquarelle signée.

MONNIER (Henry).

791. Figure d'homme. — Figure de femme.
Deux dessins à la mine de plomb.

792. Portrait de vieille femme.
Dessin sur bois, non gravé.

793. Père faisant manger son enfant.
Dessin à la plume et au bistre.

MONTENARD

794. Dessin à l'encre de Chine, pour un ouvrage illustré.

MUNKACSY (Michel).

795. Études et croquis pour son tableau : *la Mort de Mozart.*
Dix dessins à la mine de plomb.

796. Croquis divers. Figures.
Sept dessins à la mine de plomb et à la plume.

MYRBACH

797. Le Repêchage au Palais de l'Industrie.
Dessin sur papier Gillot.

798. Dessin à la plume pour un ouvrage illustré.

NATHAN (A.).

799. Paysage. Effet de soir.
Aquarelle.

NEUVILLE (Alphonse de).

800. A l'Atelier.
Dessin à la mine de plomb.

801. Le Peintre au repos.
Dessin à la mine de plomb.

802. Les Deux Mousquetaires.
Dessin à la mine de plomb.

803. Carabinier, grande tenue. 1857.
Dessin à la mine de plomb, déchiré dans le haut à gauche.

804. Le Portrait de l'Officier.
Dessin à la mine de plomb.

805. La Lecture du Journal.
Dessin à la mine de plomb.

806. Sur la Plage.
Dessin à la mine de plomb.

807. La Prière de l'Enfant. — L'Officier peintre.
Deux dessins à la mine de plomb. Le premier signé des initiales de l'artiste.

808. Fumeur. — Officier en capote.
Deux dessins à la mine de plomb.

809. Les Enfants de l'Officier. — L'Officier salué.
Deux dessins à la mine de plomb.

810. L'Amour rémouleur. — Le Duel. — Gentilhomme.

Deux dessins à la mine de plomb.

811. Le Bon Samaritain. — Châteaux en Espagne.

Deux dessins à la mine de plomb.

PARMESAN (Francesco Mazzuoli, dit le).

812. Sainte Cécile.

Dessin à la pierre d'Italie, provenant des collections Peter, Lely et Thomas Lawrence.

POUSSIN (Nicolas).

813. Narcisse se mirant dans l'eau.

Dessin à la sépia.

PUVIS DE CHAVANNES

814. Figures d'étude.

Quatre dessins à la mine de plomb.

RAFFET (Auguste-Denis-Marie).

815. Sujets de bataille.

Quatre croquis à la plume et au lavis.

816. Bonaparte donnant un ordre à un officier. — Napoléon Ier passant une revue.

Deux dessins à la mine de plomb, dont un rehaussé de lavis.

817. Défilé d'infanterie, défilé de cavalerie. — Charge de cavalerie.

Deux dessins, dont un à la mine de plomb et le second à l'encre de Chine.

818. Grenadiers.

Deux dessins, dont un à la plume.

819. Soldats d'infanterie. — Garde civique.

Quatre dessins à la plume et à la mine de plomb.

820. Cuirassiers.

Quatre dessins à la plume et à la mine de plomb.

821. Cuirassiers, grenadier.

Cinq dessins à la plume.

822. Cuirassiers et Mameluks.

Six dessins à la plume, à la mine de plomb et sanguine.

823. Lancier et Artilleurs à cheval.

Trois dessins à la plume et à la mine de plomb.

824. Batteries, caissons français, italiens et autrichiens. 1849.

Neuf dessins à la plume et à la mine de plomb.

825. Étude de figures et costumes espagnols.

Quatre dessins aquarelles.

826. La Place du Théâtre (Barcelone).

Dessin à la mine de plomb.

827. Tête de jeune homme.

Étude au fusain et au crayon noir.

828. Costume de femme russe.

Dessin relevé de crayon de couleur. Encadré.

829. Types russes.

Dessin relevé d'aquarelle. Encadré.

RENOUARD (Paul).

830. A l'Élysée-Montmartre.
Dessin à l'encre de Chine, sur papier Gillot.

RIESENER

831. Tête de jeune femme. — Tête de vieille femme.
Deux dessins, dont un pastel.

832. Tête de jeune femme.
Dessin rehaussé de pastel.

SIGNORELLI (attribué à).

833. Étude de figure.
Dessin à la mine de plomb.

TASSAERT (Octave).

834. L'Annonciation, 1825.
Dessin au lavis.

TIEPOLO (attribué à).

835. La Nativité.
Petit dessin au lavis, rehaussé d'aquarelle.

VIERGE (Urrabieta).

836. Marins préparant la soupe.
Dessin à la plume. Encadré.

VIGÉE

837. Portrait de madame Vigée-Lebrun? 1780.

Dessin au crayon noir, rehaussé à la sanguine.

VOLLON (Alexis).

838. Pêcheurs au Pollet (Dieppe).

Aquarelle signée de ses initiales. Encadrée.

839. Le Pâturage.

Aquarelle signée, avec dédicace. Encadrée.

VOLLON FILS (Alexis).

840. Étude de tête d'âne et de bœuf.

Dessin à la mine de plomb.

WATTEAU FILS

841. Jeune femme en riche costume, regardant dans une lorgnette.

Dessin à la mine de plomb.

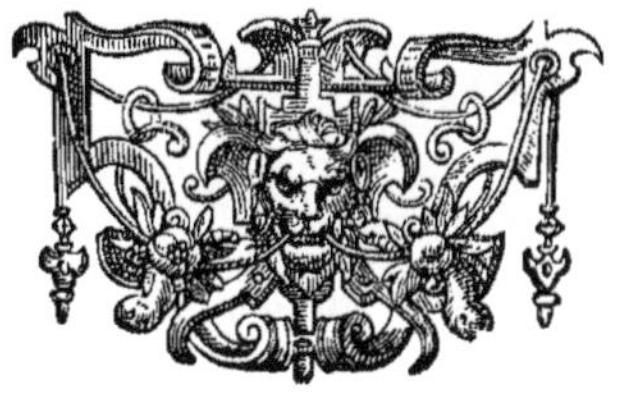

TABLEAUX

BONVIN (François).

842. Le Mort.

Toile. H. 32 ; L. 38.

COROT (Jean-Baptiste Camille).

843. Charrette sur une plage, signé.

Bois. H. 12 ; L. 18.

DAUPHIN (E.).

844. Une Vue du Midi, signé.

Toile. H. 45 ; L. 62.

DIAZ (Narcisse).

845. La Barque de Pêcheurs.

Bois. H. 10 ; L. 14.

DORÉ

846. L'Ensevelissement en Alsace.

Toile. H. 1 m. 30 ; L. 96.

847. Cascade dans la Montagne, signé et daté 1875

Toile. H. 95 ; L. 1 m. 18.

DUMOULIN (Louis).

848. Paysage, signé.

Toile. H. 45; L. 65.

MINIATURE

849. Portrait de jeune seigneur, époque Louis XIV.

Miniature sur cuivre. Encadrée.

MONTENARD

850. Paysage du Midi.

Toile. H. 65; L. 45.

VALLÉE (E.).

851. Lisière de Forêt, signé.

Bois. H. 15; L. 20.

852. Bourriche de Pensées, signé.

Toile. H. 52; L. 64.

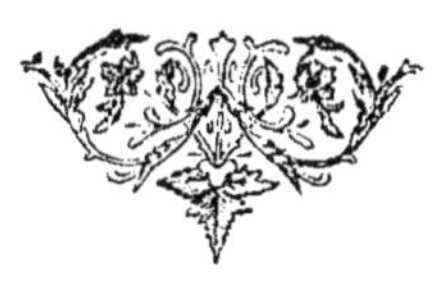

BRONZE

BARYE

853. Lion qui marche, bas-relief.

Haut. 21 ; larg. 42.

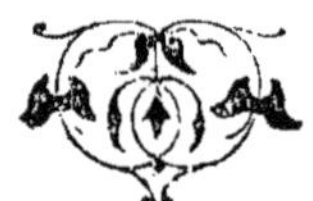

LIVRES

854. ALBUM de caricatures (par Daumier, Vernier, etc.). *Paris, Martinet*, in-4, cart., couv. imp. — Album charivarique, par Daumier, Gavarni, Ed. de Beaumont, etc. *Paris, Aubert, s. d.*, 2 vol. in-4, br., couv. imp.

855. ALBUM du Magasin pittoresque. Cent gravures choisies dans la collection. *Paris*, 1862, in-4, cart. — Voyage en Lorraine de l'impératrice. *Paris, Plon*, 1867, in-4, obl., figures, cart.

856. BEAUMONT (DE). L'Épée et les Femmes. Cinq dessins de Meissonier, hors texte. *Paris*, 1881, in-8, br., couv. imp.

Sept dessins de Ed. de Beaumont, ajoutés.

857. BERTHIER (général). Relation de la Bataille de Marengo, accompagnée de plans indicatifs. *Paris, Imprimerie Impériale*, 1806, in-3, papier vélin, frontispice de Carle Vernet, v. pl., armes impériales sur les plats.

858. BLANC (Louis). Histoire de dix ans, 1830-1840, illustrations de Dünki. *Paris, Jeanmaire*, 1882, in-8, dem.-rel.

On a ajouté à ce volume 65 lettres autographes ou pièces signées. Voici l'indication des principaux noms :
Courvoisier, amiral Duperré, Beugnot, de la Borde, de Belleyme, Ch. Dupin, général Vincent, Laffitte, Armand Bertin, Mortemart, duc de Decazes, Pierre Leroux, Boinvilliers, général Hulot, Dumas (de l'Institut), Kératry, Pagnerre, Barthe, Alibert,

duc d'Escars, Alexandre Dumas, Enfantin, Dupin, Duvergier de Hauranne, Orfila, baron Fain, Humann, Dulong, duc de Dalmatie, Martin (du Nord), G. Delessert, Lerminier, Liadières, Vivien, abbé Chatel, etc.

859. Burty (Ph.). Vingt-cinq dessins de Eugène Fromentin, reproduits à l'eau-forte par Montefiore. Texte biographique. *Paris*, 1877, in-fol., en feuilles, dans un cart., couv. imp.

860. Cabinet de l'Amateur, par Eugène Piot. 1861-62, in-8, cart., non rog.

861. Catalogue de tableaux de premier ordre, anciens et modernes, composant la galerie de M. John Wilson. *Paris*, 1881, in-8, eaux-fortes, dem.-rel., dos et coins mar. rouge, non rog.

862. Catalogue des tableaux anciens de toutes les écoles, composant la très importante collection de M. le baron de Beurnonville. *Paris*, 1881, in-4, eaux-fortes, dem. rel., dos et coins mar. rouge, non rog.

863. Catalogue des objets d'art, tableaux anciens, livres, composant la collection Double. *Paris*, 1881, in-8, eaux-fortes, cart., non rog., couv. imp.

864. Collection de M. le vicomte de Ponton d'Amécourt. Monnaies d'or, romaines et byzantines. *Paris*, 1887, in-8, planches, br., couv. imp.

865. Dumas (F. G.). Adolphe Menzel. *Paris*, *s. d.*, in-4, figures, en feuilles, dans un carton.

866. Fourcaud. Bastien-Lepage, sa vie et ses œuvres. *Paris, s. d.*, in-4, figures, en feuilles, dans un carton.

867. Gautier (Théophile). La Nature chez elle, eaux-fortes de Bodmer. *Paris*, *Marc*, 1880, in-fol., br., couv. imp.

Première édition.

868. Gautier (Théophile). La Nature chez elle, dessins originaux de Bodmer, reproduits en fac similé. *Paris, Charpentier*, 1882, in-fol., br., couv. imp.

869. Gœtschy (Gustave). Les Jeunes Peintres militaires. De Neuville, Detaille, Dupray. *Paris*, 1878, in-fol., figures, dem.-rel., dos et coins mar. rouge, non. rog.

870. Houssaye (Arsène). Le Cochon, illustré de quinze eaux-fortes par Charles Jacques, Henri Guérard, F. Régamey, etc. *Paris*, 1876, in-8, br., couv. imp.

871. La Fizelière, Champfleury et Henriet. La Vie et l'Œuvre de Chintreuil. Quarante eaux-fortes par Martial, Taiée, Lalauze, etc. *Paris*, 1874, in-4, papier vergé, br., couv. imp.

872. Las-Cases (Comte de). Mémorial de Sainte-Hélène, illustré par Charlet. *Paris, Bourdin*, 1842, 2 vol. in-8, dem.-rel., couv. imp.

On a ajouté à ces deux volumes dix-sept lettres autographes ou pièces signées. En voici l'indication :

Général Becker, duc de Rovigo, Charlet, Menou, Berthier, Talleyrand, Sérurier, impératrice Joséphine, Bernadotte, Macdonald, Desaix, Merlin, duc de Bassano, Caulaincourt, Jourdan.

873. Maygrier. Nouvelles démonstrations d'accouchements, avec des planches en taille-douce. *Paris, Béchet*. 1822, in-fol., rel. pl.

874. Meissonier (Ernest). Catalogue de l'Exposition Meissonier. *Paris*, *Galeries Georges Petit*, 1884.

Exemplaire en feuilles, auquel on a ajouté cent photographies non montées, d'après les œuvres du maître.

875. Mirbeau. Le Salon de 1885. *Paris*, 1885, in-4, figures, en feuilles, dans un carton.

876. Mistral (Frédéric). Mireille, poème provençal, avec vingt-cinq eaux-fortes par Burnand et cinquante-trois dessins du même artiste, reproduits par le procédé

Gillot. *Paris, Hachette*, 1884, in-4, dem.-rel., dos et coins mar. rouge, non rog.

Lettre autographe de Mistral ajoutée.

877. MONDE MILITAIRE (LE), 1883, 9 numéros, in-4. — LA VIE MILITAIRE, 1884. 31 numéros. (Manq. 3, 5.)

878. PHYSIOLOGIES PARISIENNES (LES), illustrées par Gavarni, Cham, Daumier, Bertall, etc. *Paris, Aubert, s. d* , in-8, cart., non rog., couv. imp.

879. RICHARD (Jules). En campagne. Tableaux et dessins de A. de Neuville — Deuxième série. Tableaux et dessins de Meissonier, Detaille, de Neuville, etc. *Paris, s. d.*, 2 cart., in-4, en feuilles.

880. RŒSEL. Historia naturalis ranarum nostratium, etc. *Nurenberg*, 1753, in-fol., planches coloriées, v. b.

881. VIE MODERNE (LA), journal illustré, littéraire et artistique, 1879 et 1880. 3 vol. in-4, br., couv. imp. — REVUE ILLUSTRÉE, 1886, 25 numéros, in-4, couv. imp.

882. WOLFF (Albert). Figaro-Salon. *Paris*, 1888, in-4, figures, en feuilles, dans un carton.

AUTOGRAPHES

883. About (Edmond), le célèbre écrivain.

11 *l. a. s.*, 27 p., in-8 et in-12.
Correspondance littéraire et intéressante avec détails sur des personnes et des choses d'actualité.

884. About (Edmond).

8 *l. a. s.*, 20 p., in-8 et in-12.
Jolies lettres intimes.

885. Académie française.

16 *l. a. s.*
Dupanloup, Jules Claretie, Jules Favre, Legouvé, X. Marmier, Sainte-Beuve, Silvestre de Sacy, Jules Simon.

886. Artistes dramatiques.

15 *l. a. s.*
.Sarah Bernhardt, Madeleine Brohan, Coquelin aîné et cadet, Croizette, Eugénie Doche, Anna Judic, Antonia Laurent, Marimon, cynolds, Samary, Werlheimber.

887. Clergé, Cardinaux, Archevêques, Évêques.

72 pièces signées.

888. Députés.

32 *l. a. s.*
Carnot, Granier et Paul de Cassagnac, Challemel-Lacour, Delattre, Raoul Duval, Charles Floquet, Laguerre, Lavertujon, Ernest Picard, Léon Say, Tirard, Vallon, etc.

889. Donnet, archevêque de Bordeaux.

24 *l. a. s.*, 42 p., in-8.
Dossier intéressant.

890. DUFAURE (Jules), ancien ministre.

12 lettres, in-8, et un rapport concernant la Banque de France (8 p., in-4).

891. ÉMIGRATION. Brevets de l'Ordre de Saint-Louis, donnés par le comte de Lille, le comte d'Artois, le prince de Condé, de 1793 à 1801. 35 pièces en un vol. in-fol., cart.

892. GAMBETTA (Léon), le célèbre homme d'État.

L. a. s. Cahors, 17 mars 1869, 2 p., in-8.
Lettre politique.

893. GOUNOD (Charles), célèbre compositeur de musique.

L. a. s., 1 p. in-8.

894. HUGO (Victor), le grand poète.

L. a. s., Paris, 10 avril 1877. 2 p. pl., in-8.
Très belle lettre. Demande d'abandon de poursuites judiciaires contre M. Barbou.

895. LITTRÉ (Émile), l'illustre auteur du *Dictionnaire*.

12 *l. a. s.*, 19 p., in-8 et in-12.

896. MASSENET (Jules), célèbre compositeur.

3 *l. a. s.*, 5 p., in-8.

897. MAUPASSANT (Guy de), célèbre écrivain.

3 *l. a. s.*

898. MEILHAC (Henri), membre de l'Académie française.

2 *l. a. s*, et fragment du manuscrit de Manon Lescaut, 5 p., in-fol.

899. MÉRIMÉE (Prosper), membre de l'Académie française.

2 *l. a. s.*, 5 p., in-8.
Littéraires et scientifiques.

900. Morlot, archevêque de Paris.

3 *l. a. s.*, 5 p., in-8.

901. Murger (Henry). Scènes de la vie de théâtre. *Manuscrit.* 54 pages in-8, sig., dem.-rel. mar. rouge, tête dor.

902. Nerval (Gérard de).

L. a. s., 1 p. in-8.

903. Ollivier (Émile), homme politique, de l'Académie française.

Thiers à l'Académie et devant l'histoire. Manuscrit, in-4. 165 p.

904. Renan (Ernest), l'auteur de la *Vie de Jésus.*

8 *l. a. s.*, 10 p., in-8.
Correspondance littéraire intéressante.

905. Saint-Hilaire (Barthélemy), membre de l'Institut, sénateur.

7 *l. a. s.*, 9 p., in-8.

906. Sand (George), l'illustre romancière.

L. a. s., à madame Villot, Nohant, 7 juillet 1857, 7 p., in-12.

Superbe lettre dans laquelle elle se préoccupe de l'avenir de son fils. — « Je suis la mère la plus soumise aux nécessités de la vie de l'artiste et même aux besoins d'activité et de distraction du jeune homme... Il se croyait privé de talent et voulait se jeter dans les sciences naturelles exclusivement. Moi, j'ai toujours cru qu'il serait plus heureux comme artiste, et puis, les sciences vous emportent dans les voyages et les dangers ; s'il le fallait, je ne dirais rien, mais combien j'aime mieux le savoir dans son atelier que sous quelque zone torride, entre les serpents à sonnettes et le *vomito negro...* »

907. Sand (George).

L. a. s., à M. de Leuven, 2 p., in-12.

908. Sand (George).

L. a. s., à M. Montigny, directeur du Gymnase, 2 août 1856, 3 p., in-8.

Intéressante lettre. Elle s'enquiert avec attendrissement de

Rose Chéri et de ses poupons adorés. Elle ajoute : « Je ne méprise pas le Gymnase... si je ne pense pas à faire des pièces en ce moment, c'est que, véritablement, j'ai plus de besogne que de temps... il faut bien vivre un peu avec les siens, et puis dormir comme tout le monde. »

909. SAND (George).

L. a. s., à madame Villot, Nohant, 13 septembre 1867, 3 p., in-8.
Détails charmants d'intimité : « J'ai été bien abattue au physique et au moral, j'ai perdu un ami bien cher, encore, encore, et toujours! enfin ! il faut marcher. »

910. SARDOU (Victorien), célèbre auteur dramatique.

4 *l. a. s.*, 6 p., in-8.

911. SIMON (Jules), homme d'État, de l'Académie française.

6 manuscrits, in-8, sig. Pierre Guérin, nouvelle, 12 p. — Mémoires des autres. Haroun-Bey, 10 p. — Colas, Colasse et Colette, 11 p. — Un Normalien en 1832, 30 p. — Une Révolution dans un verre d'eau. Souvenirs, 28 p. — La Bûche de Noël, 14 p.

912. SIMON (Jules).

9 manuscrits, in-8, sig. Le Désarmement, 23 p. — Les Deux mères, 12 p. — La Mère, 10 p. — Wilson, 8 p. — L'Epouse, 10 p. — Conférence de Berlin, 24 p. — Le Travail des Enfants et des Femmes, 16 p.

913. STERN (comtesse d'Agoult, dite Daniel).

Ninon au couvent, ou il ne faut jamais manquer à ses amis, proverbe. Manuscrit, 45 p., in-4.

914. THIERS (Adolphe), premier Président de la République française.

5 *l. a. s.*, 7 p., in-8.
Correspondance intéressante.

915. Sous ce numéro, on vendra en lots des autographes non catalogués.

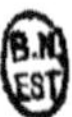

TABLE

Imprimerie de Ch. Noblet, 13, rue Cujas — 16614.

www.ingramcontent.com/pod-product-compliance
Ingram Content Group UK Ltd.
Pitfield, Milton Keynes, MK11 3LW, UK
UKHW021310190726
13839UKWH00007B/588

9 782329 546773